DUMONT
DIREKT

Riga

Jochen Könnecke

Inhalt

Das Beste zu Beginn
S. 4

Das ist Riga
S. 6

Riga in Zahlen
S. 8

Was ist wo?
S. 10

Augenblicke
Kleines Land, großer Stolz
S. 12
Rigaer Jugendstil
S. 15
Bücherschrein
S. 16

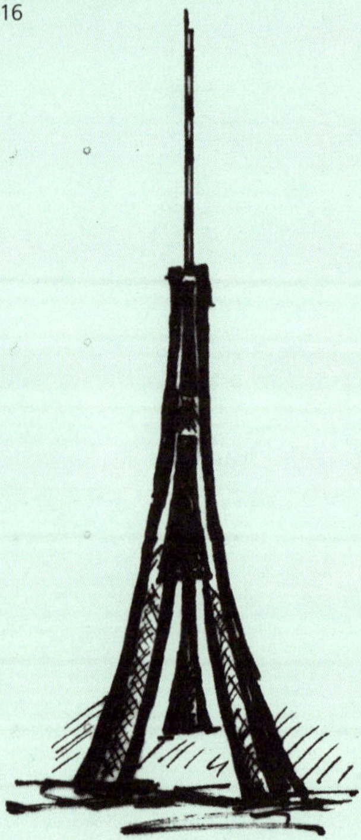

Ihr Riga-Kompass
15 Wege zum direkten Eintauchen in die Stadt
S. 18

1 Zu den hanseatischen Wurzeln – **an der Skārņu iela**
S. 20

2 Spuren von Macht und Ohnmacht – **am Rathausplatz**
S. 25

3 Zwischen Backstein und Barock – **der Dom und mehr**
S. 29

4 Eingangstor zur Altstadt – **der Livenplatz**
S. 34

5 Einstiges und heutiges Machtzentrum – **rund um die Jakobskirche**
S. 38

6 Spazieren und pausieren – **der Park am Stadtkanal**
S. 42

7 Stadt im Bau-Rausch – **Jugendstil in Riga**
S. 46

8 Hotspots in der Neustadt
S. 51

9 ›Freie Republik Miera iela‹
S. 55

10 Im ›Bauch von Riga‹ – **der Zentralmarkt**
S. 58

11 Kultur im Problemviertel – **Speicherhäuser und Moskauer Vorstadt**
S. 61

12 Hafenblick und Pflasterstraßen – **Spaziergang auf Ķīpsala**
S. 66

13 Lettland in 4 Stunden – **Ethnografisches Freilichtmuseum**
S. 69

14 Riviera des Baltikums – **der Kurort Jūrmala**
S. 72

15 Tor zum Gauja-Nationalpark – **Sigulda**
S. 75

Rigaer Museumslandschaft
S. 78

Erinnern und gedenken
S. 80

Eine Stadt erfindet sich neu
S. 82

Pause. Einfach mal abschalten
S. 84

In fremden Betten
S. 86

Satt & glücklich
S. 90

Stöbern & entdecken
S. 98

Wenn die Nacht beginnt
S. 104

Hin & weg
S. 110

O-Ton Riga
S. 114

Register
S. 115

Abbildungsnachweis, Impressum
S. 119

Kennen Sie die?
S. 120

Das Beste zu Beginn

Riga rundum
Sie möchten sich erstmal einen Überblick über die Stadt verschaffen? Dann einfach mit dem Fahrstuhl rauf auf den Turm der Petrikirche. Aus der Vogelperspektive werden Sie schnell erkennen, wie klein eigentlich die Altstadt ist, und wie nah das Meer. Stellen Sie sich vor, wie Schiffe flussaufwärts auf Sie zukommen – Schiffe des Bischofs Albert aus Bremen, der unterhalb der Petrikirche im Jahr 1201 die Stadt Riga gründen wird …

Art Nouveau en détail – das Jugendstilmuseum
Beim Thema Jugendstil muss man Riga in einem Atemzug mit Paris, Barcelona und Wien nennen. Einen im wahrsten Sinne des Wortes Einblick von innen gewährt Ihnen der Jugendstilmuseum, oder besser: die ehemalige Wohnung des bedeutenden lettischen Jugendstilarchitekten Konstantīns Pēkšēns. Zeitgemäß gekleidete Bedienstete werden Ihnen in der Küche des Hausherren vielleicht frisch gebackene Kekse aus einem historischen Backofen anbieten.

Einkaufen im ›Bauch von Riga‹
In die fünf riesigen Hallen des Zentralmarktes kommen beinahe alle Rigaer, egal ob reich oder arm, jung oder alt. Hier finden sie die frischesten Lebensmittel, die größte Auswahl, die besten Preise und eine Fischhalle, die ihresgleichen sucht. Für uns bietet sich hier aber auch die Möglichkeit, den Letten und natürlich auch den Russen im wahrsten Sinne des Wortes ›aufs Maul‹ zu schauen.

Führung durch das ›Lichtschloss‹
Die 2014 nach 20 Jahren Bauzeit eröffnete Nationalbibliothek ist das neue Wahrzeichen der Stadt und selbstbewusster Ausdruck des lettischen Kulturerbes. Nur im Rahmen einer Führung gelangen Sie beinahe bis ganz nach oben, von wo sich Ihnen eine fantastische Panoramaaussicht auf die Altstadt bietet.

Concerto Piccolo
Fast täglich geben von Ende April bis September verschiedene Organisten mittags um 12 Uhr im Dom zwanzigminütige Orgelkonzerte – eine gute Gelegenheit, sich vom fantastischen Klang der berühmten Walcker-Orgel überwältigen zu lassen.

!

Das Buch zur Stadt: »Adieu Atlantis«
Valentina Freimane, 1922 geboren und in Riga, Paris und Berlin aufgewachsen, ist die einzige Überlebende einer jüdischen Künstlerfamilie, die 1941 ins Rigaer Ghetto verschleppt und später ermordet wurde. Ihre leidvolle, aber auch aufregende Lebensgeschichte wurde nun von Matthias Knoll ins Deutsche übersetzt.

Riga vom Wasser aus
Eine Rundfahrt mit einem der kleinen elektrisch angetriebenen Holzboote über den Rigaer Stadtkanal bietet neue Perspektiven auf die alte Hansestadt. Ein gutes Stück legen Sie dabei aber auch auf der Daugava (Düna) zurück.

Ausflug nach Jūrmala
Ein Riga-Besuch ohne Abstecher an den Strand von Jūrmala ist meiner Meinung nach unvollkommen – nicht nur wegen eines erfrischenden Bades in der Oststsee, sondern auch wegen der hübschen Holzvillen aus der Wende zum 20. Jh.

Wenn Sie mich nicht gerade auf dem Zentralmarkt antreffen, wo ich häufig einkaufe, besuche ich als ehemaliger Schauspieler gerne eines der zahlreichen Theater, am liebsten das Neue Rigaer Theater.

Fragen? Erfahrungen? Ideen?

Ich freue mich auf Post.

@ *Mein Postfach bei DuMont:*
j.koennecke@dumontreise.de

Das ist Riga

Majestätisch breitet sich die Silhouette der Altstadt von Riga am Ufer der gemächlich dahinfließenden Düna aus. Wie Ausrufezeichen ragen die Türme der Jakobikirche, des Doms und der Petrikirche aus dem Zentrum der stolzen Hafenstadt heraus. Doch so ruhig und homogen die Stadt aus der Ferne wirken mag – kaum eine andere Ostseemetropole schaut auf eine so wechselhafte Geschichte zurück: Krieg, Eroberung und Unterdrückung folgten dicht aufeinander und veränderten jedes Mal das Antlitz der Stadt.

Deutsche Vergangenheit

Während sich die Großmächte um Lettland und Riga stritten, es sich die in Lettland ansässige deutschbaltische Oberschicht gut gehen ließ, verdienten die meisten Letten ihren dürftigen Lebensunterhalt mit harter Landarbeit. Erst die lettische Nationalbewegung, die im 19. Jh. aufkam und in der es neben der Unabhängigkeit Lettlands auch um den Erhalt bzw. die Wiederbelebung der lettischen Kultur ging, sorgte dafür, dass der enorme Liederschatz der Letten ›geborgen‹ wurde, der über Jahrhunderte nur mündlich überliefert worden war. Exakt 217 996 Dainas – kurze vierzeilige Lieder, die in unzähligen Variationen wiederholt werden – sammelte und veröffentlichte Krišjānis Barons zwischen 1894 und 1915. Sie gelten heute als die Grundlage der lettischen (Lied-)Kultur.

›Singende Revolution‹

Seit dem ersten Liederfest 1873 hat sich das gemeinsame Singen fest im Bewusstsein der Letten verankert. Das Allgemeine Lettische Lieder- und Volkstanzfest, das alle fünf Jahre stattfindet (nächstes Mal 2018), erfreut sich größter Beliebtheit und zählt Zehntausende Teilnehmer. Der Gesang bewirkte sogar politische Veränderungen: Nach Jahren des stillen Leidens unter den Sowjets machten die Letten 1989 international auf sich aufmerksam, als sie mit Esten und Litauern eine 593 km lange Menschenkette von Tallinn über Riga bis nach Vilnius bildeten und ihrem Protest durch Gesang Ausdruck verliehen. Diese Aktion brachte dem Unabhängigkeitskampf der Balten den Beinamen ›Singende Revolution‹ ein.

Jugendstil-Metropole

Die Letten bestimmen seit 1990 endlich selbst über das Schicksal ihres Landes. Die ersten Jahre der Unabhängigkeit waren nicht einfach, der wirtschaftliche Rückstand gegenüber Westeuropa groß. Riga hat sich nicht unterkriegen lassen: Die Altstadt gleicht heute beinahe einem Architekturmuseum, zahlreiche Gebäude wurden renoviert und erstrahlen nun in neuem Glanz. Backsteinerne Kirchen stehen neben Speicherhäusern, und barocke Bürgerhäuser reihen sich an reich verzierte Jugendstilgebäude. Ohne Weiteres kann sich Riga mit den europäischen Jugendstil-Metropolen wie Paris, Wien, Brüssel und Barcelona messen. Über 750 Bauten aus dieser Epoche gibt es in Riga, ein Großteil von ihnen steht – wie die gesamte Altstadt – seit 1997 auf der Liste des UNESCO-Welterbes.

Am Ufer der Düna wacht die Statue des Großen Christoph über das Wohl Rigas.

Lettische Russen

Auf den Straßen von Riga werden Sie mindestens ebenso häufig Russisch wie Lettisch hören. Russen, Ukrainer und Weißrussen machen schließlich beinahe die Hälfte der Rigaer Bevölkerung aus. In ländlichen Regionen hingegen wird überwiegend Lettisch gesprochen. Der hohe Anteil der russischstämmigen Bevölkerung birgt natürlich auch Konflikte. Waren früher die Russen die tonangebende Gesellschaftsgruppe, so sind es heute die Letten. Selbst in Lettland geborene Russen erhalten heute nur nach einer staatsbürgerlichen Prüfung einen lettischen Pass.

Kurze Sommer, lange Nächte

Im Sommer herrscht in den Straßen von Riga wie in vielen nordischen Städten eine vibrierende Atmosphäre. Nach einem langen, dunklen Winter haben die Rigaer nun Lust auf Sonne und ein ausgelassenes Leben, alle drängen nach draußen und möchten etwas unternehmen. Die Züge zwischen Riga und dem Badeort Jūrmala, der sich nur 20 km entfernt an der Ostsee erstreckt, sind in diesen Monaten rappelvoll. Der unumstrittene Höhepunkt im Jahreslauf sind die Mittsommernacht *(līgo)* und der nachfolgende Johannistag *(jāņi)*, der 24. Juni. Kein anderes Fest feiern die Letten so ausgiebig. Alle machen mit, egal ob in Minirock oder lettischer Tracht. Denn Traditionen werden in der jungen Republik ganz groß geschrieben.

Europäische Kulturhauptstadt

Dass Riga 2014 Kulturhauptstadt Europas war, ist allerorten zu spüren. Ein wichtiger Veranstaltungsort ist die neue Lettische Nationalbibliothek. Bedeutung hatte die Öffnung des ehemaligen KGB-Hauses in der Brīvības iela, das nun besichtigt werden kann. Ganz besonders spannend sind die kleinen Projekte, die unabhängige Gruppen initiieren, wie beispielsweise das Kaņepe-Kulturzentrum, das Kalnciema-Quartier, die Tabakfabrik, die Initiativen in der Miera iela oder im Speicherviertel. Lassen Sie sich treiben und machen Sie Ihre Riga-Reise zu einem einzigartigen Erlebnis!

Riga in Zahlen

0

Sperrstunden pro Tag

1

Mio. Besucher begrüßt Riga im Jahr

15

km hinter Riga fließt die Düna in den Rigaer Meerbusen

21

Jahre lang war Lats die lettische Währung, seit 2014 gilt der Euro

44

% der Führungspositionen besetzen Frauen, die 56 % der Rigaer Bevölkerung ausmachen

193

Mio. € kostete der Neubau der Lettischen Nationalbibliothek

304

km^2 Stadtfläche, fast so viel wie München

324

Flüchtlinge stellten 2015 in Riga einen Asylantrag

368,5

m hoch ist der Fernsehturm

593

km lang war die Menschenkette, die 1989 Tallinn, Riga und Vilnius miteinander verband und singend gegen die sowjetische Besatzung des Baltikums protestierte

746

Deutsche studierten 2015 Medizin an der Stradiņš- Universität

750

Jugendstilbauten gibt es in Riga, ein Großteil gehört – wie die gesamte Altstadt – zum UNESCO-Welterbe

900

Patente hat der Rigaer Medikamente-Entwickler Ivars Kalvins bislang eingereicht, u. a. für das Dopingmittel Meldonium

925

Euro betrug 2015 das durchschnittliche monatliche Bruttoeinkommen in Riga

1501

Jahre n. Chr. soll auf dem Rigaer Domplatz der welterste Weihnachtsbaum gestanden haben

243 546

Russen machten 2015 etwa 38 % der Rigaer Bevölkerung aus, 2009 waren es noch 641 007

217 996

Dainas – kurze vierzeilige Lieder – sammelte Krišjānis Barons

Was ist wo?

Riga erstreckt sich an beiden Ufern der Daugava, deren deutscher Name Düna ist. Das historische Zentrum liegt auf der rechten Seite des Flusses. Dort befindet sich auch die Altstadt, die für eine Metropole von knapp 650 000 Einwohnern relativ klein und fußläufig gut zu besichtigen ist.

Ein erster Überblick

Vermutlich kommen Sie am Flughafen Riga an, der etwa 10 km westlich vom Stadtzentrum liegt. Es gibt zwar keine Zug- oder U-Bahn-Verbindung, aber mit dem Bus oder einem Taxi erreichen Sie in einer knappen halben Stunde die Rigaer Innenstadt.

Um die **Altstadt** (🕮 D/E 3/4) schmiegt sich ein grüner Gürtel aus Parkanlagen am **Stadtkanal** entlang. Dahinter breitet sich die weitläufige **Neustadt** (🕮 D–F 1–3) aus. An ihren schnurgeraden und viel befahrenen Boulevards reihen sich Jugendstilhäuser. Einige etwas weiter außerhalb gelegene Stadtviertel – z. B. die **Moskauer Vorstadt** (🕮 F–H 5/6) hinter dem Zentralmarkt, **Āgenskalns** (🕮 A/B 5/6) und **Torņakalns** (🕮 B/C 6/7) auf der linken Seite der Daugava (Pardaugava) sowie die Flussinsel **Ķīpsala** (🕮 B/C 1–4) – besitzen noch einen teilweise erhaltenen historischen Kern aus alten Holzhäusern, die sich mit eleganten Gebäuden im Jugendstil und Sowjetarchitektur abwechseln. Auf jeden Fall sollten Sie bei Ihrem Riga-Aufenthalt der **Lettischen Nationalbibliothek** (🕮 D 5) einen Besuch abstatten, die sich unübersehbar am linken Ufer der Daugava, direkt gegenüber der Altstadt erhebt. Am äußeren Rand der Stadt treffen Sie auf die typischen Satellitenstädte des ehemaligen Ostblockstaats. Hier haben sich aber auch einige grüne Stadtteile herausgebildet, allen voran das Villenviertel **Mežaparks** (🕮 außerhalb G/H 1) am gleichnamigen Waldpark und dem idyllischen Ķīšezers-See, das prächtige Wohnhäuser aus den 1920er- und 1930er-Jahren aufweisen kann.

Vecrīga – das alte Riga

Der alte Stadtkern hat sich seit der Unabhängigkeit 1991 wohl am meisten verändert. Immer mehr Hotels und Restaurants siedeln sich hier an, Banken, Botschaften, Büros und Ministerien. Hanseatisches Flair in Form von Kirchen sowie Gilden-, Speicher- und Bürgerhäusern im Stil der Backsteingotik zeichnet die Altstadt aus, deren Anfänge auf das frühe 13. Jh. zurückgehen. Immer wieder sind hübsche Jugendstilgebäude zu entdecken. Trotz der Weltkriege, die in Riga gewütet haben, blieben in der einst von einer Stadtmauer und einem Wall umgebenen Altstadt relativ viele Gebäude erhalten. Und was beschädigt oder gar zerstört wurde, wurde detailgetreu wiederaufgebaut.

Ein Rundgang durch die Altstadt können Sie natürlich an jedem beliebigen Punkt beginnen. Aber ich schlage vor, am letzten erhaltenen Wehrturm der Stadt, dem **Pulverturm,** zu starten. Über die Torņa iela geht es an der **Jakobskirche** und den **›Drei Brüdern‹** vorbei zum **Rigaer Schloss.** Ein Abstecher über die Pils iela zur Daugava erinnert daran, dass Riga eine Hafenstadt ist. Der **Dom** verweist darauf, dass von Riga aus ein Großteil des Baltikums christianisiert wurde. Am **Rathausplatz** erstrahlt das Schwarzhäupterhaus in neuem Glanz, das sich derzeit im Umbau befindende **Okkupationsmuseum** daneben gemahnt an die Zeit der Besatzung im 20. Jh. Vom Turm der **Petrikirche** öffnet sich der Blick über Riga aus der Vogelperspektive, während auf dem weitläufigen **Livenplatz** die Gildenhäuser und das Katzenhaus beeindrucken.

Centrs – die Neustadt

Im Gegensatz zur gemütlichen Altstadt mit ihren verwinkelten, manchmal beinahe mittelalterlich anmutenden Gassen werden die breiten, schnurgeraden Straßen der Neustadt von einer hektischeren Atmosphäre geprägt. Ist der Jugendstil in der Altstadt nur punktuell vertreten, so reiht sich in manchen Straßen der Neustadt ein Jugendstilhaus an das andere. Am schönsten ist es, diese Architekturepoche in dem ruhigen Viertel nordöstlich des **Kronvaldparks** zu erkunden, insbesondere in der **Alberta iela.** Die Neustadt ist aber auch ein Viertel für Einkaufsbummel und Nachtleben. Vor allem zwischen der Krišjāņa Valdemāra iela, der **Brīvības iela** und der Marijas bzw. Aleksandra čaka iela bieten Geschäfte und Shoppingcenter, Bars und Clubs sowie Kinos, Theater und Museen ein abwechslungsreiches Programm. Darüber hinaus gibt es einige angesagte Hotspots, wie das **Kaņepe-Kulturzentrum,** die **Miera iela** und die alte **Tabakfabrik,** wo das bekannte **Rigaer Neue Theater** vorübergehend untergebracht ist. Sie sollten nicht versäumen, sich auch die **Freiheitsstatue** und das **Opernhaus** am Stadtkanal, die **Russisch-orthodoxe Kathedrale** und das **Nationale Kunstmuseum** an der Esplanāde anzuschauen.

Moskauer Vorstadt

Die Moskauer Vorstadt (Maskavas forštate) ist durch gleich mehrere Bauwerke von der Altstadt getrennt. Auf dem Weg dorthin passieren Sie den Bahnhof bzw. den Bahndamm, das Einkaufszentrum Stockmann mit dem Citateles-Kinokomplex und den **Zentralmarkt** mit seinen fünf Hallen und daneben die restaurierten **Speicherhäuser** mit Kulturinstituten und dem **Holocaust-Museum,** das an die Nazi-Gräuel in Riga erinnert. Hinter dem stalinistischen Bau der **Akademie der Wissenschaften** beginnt dann die eigentliche Moskauer Vorstadt mit ihren verfallenen Holzhäusern und sowjetischen Wohnblöcken. Letten sucht man hier vergebens, denn in diesem Stadtteil wohnen hauptsächlich Russen.

Kleines Land, großer Stolz

Nach Jahrhunderten deutscher und russischer Fremdherrschaft ist Lettland endlich unabhängig. Aus diesem Grund ist das Freiheitsdenkmal in Riga für die nationale Identität so besonders wichtig. Nicht weniger bedeutend ist das alle fünf Jahre wiederkehrende Liederfest (das nächste Mal 2018), auf dem von bis zu 30 000 Sängern die lettischen Legenden und Mythen besungen werden. Endlos erscheinende Umzüge in lettischer Tracht gehören selbstverständlich dazu.

Rigaer Jugendstil

Zwischen den Prachtgebäuden Michail Eisensteins mit ihrem überbordenden Fassadenschmuck aus Masken-, Tier- und Pflanzenmotiven drohen die Werke des Architekten Konstantīns Pēkšēns ein wenig ins Hintertreffen zu geraten. Zu unrecht, wie das Haus in der Alberta iela 12 eindrucksvoll belegt. Besuchen Sie das Jugendstilmuseum in der früheren Wohnung des Architekten oder steigen Sie durch das prächtige Treppenhaus hinauf zum Museum für den Maler Jānis Rosentāls und den Schriftsteller Rūdolfs Blaumanis.

Bücherschrein

Eine Bibliothek als Nationalheiligtum, das gibt es nicht überall, aber in Riga: Während der Eröffnungsfeierlichkeiten zum Kulturhauptstadtjahr im Januar 2014 bildeten Tausende Menschen bei bitterer Kälte eine Kette zwischen alter und neuer Nationalbibliothek und reichten von Bürgern gespendete Bücher von Hand zu Hand weiter in den gigantischen Neubau, wo sie nun Buchdeckel an Buchdeckel hinter Glas in einem überdimensionierten Bücherregal aufgehoben werden.

Ihr Riga-Kompass

WOMIT FANGE ICH AN?

#1
Zu den hanseatischen Wurzeln – **an der Skārņu iela**

WARUM KOMMT MIR DAS HIER SO BEKANNT VOR?

#2
Spuren von Macht und Ohnmacht – **am Rathausplatz**

Aufgebaut auf RUINEN

#3
Zwischen Backstein und Barock – **der Dom und mehr**

STERN DES BALTIKUMS

#15
Tor zum Gauja-Nationalpark – **Sigulda**

AM SONNTAG NACH SIGULDA …

#14
Riviera des Baltikums – **der Kurort Jūrmala**

Pack die Badehose ein!

#13
Lettland in 4 Stunden – **Ethnografisches Freilichtmuseum**

sich einmal FREI in der VERGANGENHEIT bewegen können

#12
Hafenblick und Pflasterstraßen – **auf Ķīpsala**

EIN DORF IN DER STADT

1 2 3 15 14 13 12

#4

Das Eingangstor zur Altstadt – **der Livenplatz**

#5

Einstiges und heutiges Machtzentrum – **rund um die Jakobskirche**

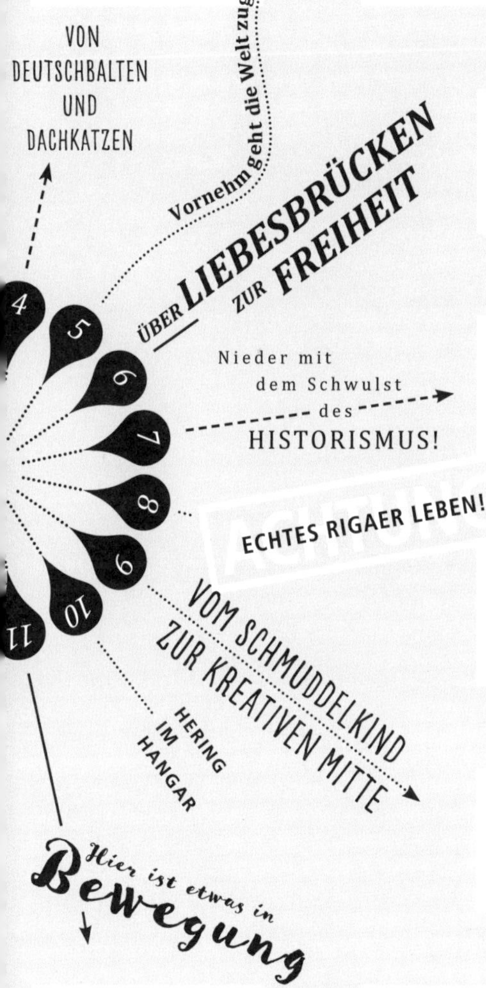

#6

Spazieren und pausieren – **im Park am Stadtkanal**

#7

Eine Stadt im Bau-Rausch – **Jugendstil in Riga**

#8

Hotspots in der Neustadt

#9

›Freie Republik Miera iela‹

#10

Im ›Bauch von Riga‹ – **der Zentralmarkt**

#11

Speicherhäuser und Moskauer Vorstadt

1

Zu den hanseatischen Wurzeln – **an der Skārņu iela**

Drei Kirchen auf engstem Raum, verwinkelte Höfe, alte Tore – in dem kleinen Viertel rund um die Skārņu iela ist die 800-jährige Geschichte Rigas förmlich zu greifen. Hier ließen sich zu Beginn des 13. Jh. die ersten deutschen Siedler nieder und bauten eine Stadt nach hanseatischem Muster.

Wenn das Ferne doch so nah wäre: Der Ausblick von der Petrikirche reicht bei klarer Sicht bis zum Rigaer Strand, dem heutigen Jūrmala und ehemals bevorzugten Ausflugsziel der deutschbaltischen Rigaer Oberschicht.

Zwischen Petrikirche und Johanniskirche steht eine bekannte Figurengruppe aus Bronze: Die **Bremer Stadtmusikanten** 1 (Brēmenes muzikanti) schauen hier allerdings nicht durch ein Fenster in ein Räuberhaus, sondern durch einen Spalt des ›Eisernen Vorhangs‹, der während des

Kalten Krieges Ost- und Westeuropa voneinander trennte. Die Arbeit der Bremer Künstlerin Christa Baumgärtel war ein Geschenk der Stadt Bremen im Jahr 1990, zu Zeiten der Perestroika unter Gorbatschow und noch vor der Wiederherstellung der lettischen Unabhängigkeit im August 1991. Beide Städte verbindet eine lange gemeinsame Geschichte. So gilt der Bremer Domherr Albert von Buxhoeveden als Gründer Rigas. Jahr für Jahr brachte Albert – im Namen Roms – nicht nur Tausende Kreuzritter hierher, sondern auch etliche Handwerker und Kaufleute aus Bremen und Gotland. Diese siedelten am Ufer der Rige, im Bereich der Skārņu iela, wo auch der erste städtische Markt abgehalten wurde.

Staunend blicken die Rigaer Bremer Stadtmusikanten durch den ›eisernen Vorhang‹ Richtung Westen.

Überreste aus der Anfangszeit

Die **Johanniskirche** 2 (Jāņa baznīca) auf der anderen Straßenseite zählt zu den ältesten Kirchen Rigas und wurde um 1234 erbaut. Zunächst diente sie als Kapelle für ein Dominkanerkloster, erst später wurde sie erweitert und zur Kirche umgestaltet. Nach ihrer Zerstörung während der Kämpfe mit dem Schwertbrüderorden im 15. Jh. entstand im 16. Jh. der heutige spätgotische Backsteinbau mit dem auffälligen Stufengiebel über der Fassade der Nordseite. Der neugotische Glockenturm wurde erst 1849 hinzugefügt. Seit Ende des 16. Jh. gehört die Kirche der lettischen Gemeinde, die zuvor während der Polenherrschaft aus der Jakobskirche (► S. 39) vertrieben worden war. An der Außenmauer können Sie übrigens zwei Steinmasken entdecken, die Mönche mit offenen Mündern darstellen. Laut Überlieferung stellten sich an Festtagen dominikanische Prediger hinter diese Masken und sprachen zu den Gläubigen.

Das gelbe zweistöckige Gebäude gegenüber der Johanniskirche, der **Eckes Konvent** 3 (Ekes Konvents) aus dem Jahr 1435, hat die Jahrhunderte unbeschadet überstanden. Das Gebäude wurde ursprünglich als Nachtasyl genutzt, bis es 1592 der bei der Bevölkerung recht unbeliebte Ratsherr Nikolaus Ecke erwarb und ein Witwenheim einrichten ließ. In die Außenfassade wurde 1618 ein sehenswertes, vermutlich in Nürnberg geschaffenes Sandsteinrelief integriert.

H
HAMLETS

Beinahe jeden Abend finden im **Hamlets,** einem Schauspielercafé im ersten Stock eines Hauses im **Johannishof** 4, Veranstaltungen statt. Ob Improvisationstheater, Kabarett, Tanz, Lesungen oder Konzerte: Alles ist möglich, solange es auf die kleine Bühne passt! Sie können hier essen, manchmal auch tanzen, die Musik folgt ganz und gar nicht den neuesten Trends (www.hamlets.lv, nur an Veranstaltungstagen geöffnet).

Heimstatt des Stadtgründers

Zwischen Johanniskirche und Eckes Konvent führt eine schmale Gasse durch ein altes Klostertor zum **Johannishof** 4 (Jāņa sēta). Dieser entstand im 13. Jh. neben dem ersten Haus Bischof Alberts und einer Holzkirche, die 1234 dem Dominikanerorden übergeben wurden. Fragmente des ersten Bischofssitzes sowie Reste eines ehemaligen Klosterkreuzgangs zeugen von der frühen Bebauung. Ein in den 1960er-Jahren rekonstruiertes Stück der ersten Stadtmauer mit hölzernem Wehrgang vermittelt eine gute Vorstellung von der frühen Festungsbauweise.

Das **Tor zur Kalēju iela** öffnete sich früher direkt zum Flüsschen Rige, das die Stadtbewohner im 17. Jh. zuschütteten, als das einst so klare Gewässer zu einem stinkenden Abflussgraben verkommen war. Die Außenseite des Tors ziert übrigens ein altes Wappen der Stadt Riga.

Von der Ordensburg zum Obdach

Einige Schritte weiter Richtung Zentrum führt in der Kalēju iela 9/11 ein kleiner Durchgang zum **Konventhof** 5 (Konventa sēta), einem in den 1990er-Jahren renovierten Gebäudekomplex mit Restaurants, Souvenirläden und einem Hotel. 1204 errichteten die Schwertbrüder hier ihre erste Ordensburg, die 1297 von den Rigaer Bürgern zerstört wurde (► S. 39). Die verbliebenen Gebäude übernahm der von Bischof Albert gegründete Konvent des Heiligen Geistes und gewährte hier Hilfsbedürftigen Obdach. Ab Mitte des 16. Jh. bestand der Konventhof nur noch aus Wohnhäusern und Speichern. Die Namen der Häuser geben Auskunft über ihre vormalige Nutzung, so lebten etwa im ›Haus der grauen Schwestern‹ Nonnen. Im Durchgang zur Kalēju iela informiert eine Tafel über die Geschichte des Konventhofs.

Historisches Mauerwerk

Verlassen Sie den Konventhof zur Skārņu iela hin, treffen Sie gleich rechts auf das älteste erhaltene gemauerte Gebäude der Stadt, die ehemalige **Georgskirche** 6 (Jura baznīca). Sie wurde erstmals 1205 als Kapelle des Schwertbrüderordens erwähnt und 1225 mit dem Versammlungssaal der Ordensritter zu einer größeren Kirche zusammengeschlossen.

Auch das Gotteshaus wurde bei der Zerstörung der Ordensburg beschädigt und später vom Konvent des Heiligen Geistes erworben. Ab dem 16. Jh. nutzte man das Gebäude nur für wirtschaftliche Zwecke und baute es 1700 zu einem Speicher um. Dazu wurden die Tür- und Fensteröffnungen verändert und Zwischendecken eingezogen. Anfang des 19. Jh. legte man den mittlerweile unter drei Speichern verborgenen alten Kirchenraum wieder frei.

Besonders anziehend wirkt das Gebäude, in dem heute das **Museum für angewandte Kunst** (Dekoratīvi lietišķās mākslas muzejs) untergebracht ist, durch seinen ausdrucksstarken romanischen Stil. Ein Besuch lohnt allein schon wegen der Innenarchitektur mit den mächtigen Holzbalkendecken.

Ausblickspunkt und Zufluchtsort

Wenn Sie einen Blick auf die Altstadt aus der Vogelperspektive werfen möchten, sollten Sie unbedingt mit dem Lift auf die 72 m hohe **Aussichtsplattform des Petrikirchturms** fahren, der mit seiner ungewöhnlich spitz zulaufenden Form die Silhouette der Altstadt beherrscht.

Die **Petrikirche** 7 (Petera baznīca) wird heute nur noch für Ausstellungen und Konzerte ge-

DJ DANIEL JAHN

Die Restaurierung des **Konventhofs** ist eng mit dem Namen Daniel Jahn verbunden. Der Deutsche kam Ende der 1980er-Jahre nach Riga, um hier ein erstes Fünfsterne-Hotel nach westlichem Muster zu eröffnen. Bald war der ausgebildete Koch und studierte Betriebswirt Miteigentümer gleich zweier Hotels: des Hotel de Rome und des Hotels im Konventhof. Mittlerweile hat Daniel Jahn seine Anteile an den Hotels verkauft und das Herrenhaus Kukšas westlich von Riga in eine Luxusunterkunft umgewandelt (www.kuksumuiza.lv).

INFOS/ÖFFNUNGSZEITEN

Museum für angewandte Kunst 6: www.lnmm.lv, Di, Do–So 11–17, Mi 11–19 Uhr, Dauerausstellung 2,50 €
Petrikirche 7: www.peterbaznica.riga.lv, der Turm ist zu besteigen Mai–Aug. Di–Sa 10–18.30, So 12–18.30, Sept.–April jeweils bis 17.30 Uhr, 9 €

KULINARISCHES FÜR ZWISCHENDURCH

Sehr gut und preiswert essen Sie im **Domini Canes** 1 (Skārņu 18/20, T. 22 31 41 22, www.dominicanes.lv, ab 9 €). Von der Terrasse des Restaurants **Pētergailes** 2 haben Sie einen tollen Blick auf Petrikirche und Skārņu iela (Skārņu 25, T. 67 21 28 88, www.petergailis.com, tgl. 10–24 Uhr, ab 10 €).

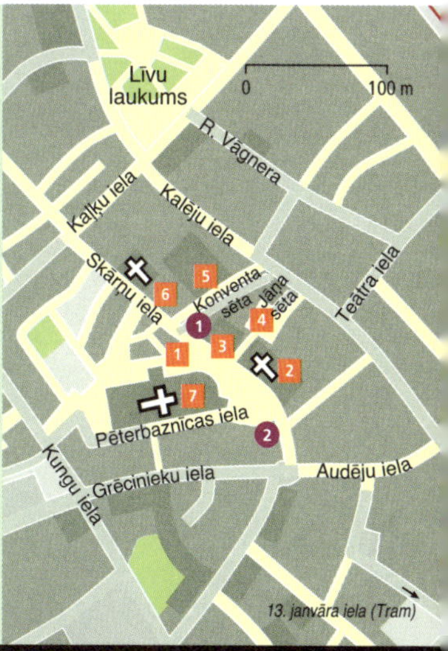

Cityplan: Karte 2, E 4 | **Tram** 13. janvāra iela

R REUTERNHAUS

Ein gutes Beispiel für nördliche Barockarchitektur ist das zwischen 1684 und 1688 erbaute **Reuternhaus** (Reiterna nams) in der Mārstaļu iela 2. Sein Bauherr Johann Reutern, ein vom schwedischen König in den Adelsstand erhobener Kaufmann, machte kein Geheimnis aus seiner politischen Parteinahme zugunsten der Schweden: Die Figurengruppe im Gesims zeigt einen schwedischen Löwen, der den russischen Bären besiegt. Und ganz nebenbei ließ Reutern auch sich selbst und seine Frau in den Kapitellen der korinthischen Säulen verewigen. Heute ist in dem Gebäude ein Rock-Café untergebracht (Latvijas 1. Rokkafejnīca, ► S. 108).

nutzt. Sie wurde erstmals 1209 als das zentrale Gotteshaus der Rigaer Bürger erwähnt und diente der Gemeinde und den Zünften in Krisenzeiten auch als Zufluchtsort. Als die Rigaer 1297 den offenen Kampf mit dem Orden der Schwertbrüder aufnahmen, befand sich hier beispielsweise ihr Waffenarsenal. Die für das Baltikum typischen Elemente der Backsteingotik und des frühen Barock prägen die große, dreischiffige Basilika. Bis auf die Außenwände der Seitenschiffe und einige Pfeiler im Kircheninnern wurde über die Jahrhunderte hinweg so ziemlich alles verändert: Das mittlere Kirchenschiff wuchs um 30 m in die Höhe, 1409 stand der neue Chor mit seinem Kapellenkranz, Ende des 17. Jh. erneuerte man die Westfassade und ihre Portale im Barockstil.

Im Zuge der Baumaßnahmen erhielt die Petrikirche auch Ersatz für ihren eingestürzten, ursprünglich gotischen Turm. Die hölzerne Spitze des neuen Turms übertraf mit einer Höhe von 64,5 m alle vergleichbaren Holzkonstruktionen in Europa. Doch bereits Anfang des 18. Jh. brannte er aus, wurde wieder aufgebaut und fiel 1941, nach dem Beschuss durch deutsche Artillerie, erneut den Flammen zum Opfer. Auch die Inneneinrichtung der Petrikirche wurde damals zerstört. Die Rekonstruktion des Turms zwischen 1967 und 1984 orientierte sich an den historischen Entwürfen – um auf Nummer sicher zu gehen, wurde dieses Mal allerdings Metall anstelle von Holz verwendet.

→ UM DIE ECKE

In der Peitavas iela, der Vecpilsētas iela und vor allem der Alksnāja iela stehen einige **Speicherhäuser,** die der Altstadt ihr unverwechselbares Kolorit geben. Zudem bieten sie interessante Einblicke in die Blütezeit Rigas im 16. und 17. Jh., als der Handel mit Gütern aus Übersee florierte und Riga als Umschlagplatz für Waren aus dem russischen Raum diente. Große Speicher wurden für die Rigaer Händler zur Notwendigkeit. 24 von ehemals 160 Gebäuden sind erhalten, leider wurden bisher nur wenige renoviert. Das älteste Speicherhaus Rigas befindet sich in der Alksnāja iela 7/9 und entstand zwischen 1552 und 1559.

Spuren von Macht und Ohnmacht – **am Rathausplatz**

#2

Der Zweite Weltkrieg und die sowjetische Okkupation haben tiefe Wunden in der lettischen Seele hinterlassen. Während das Okkupationsmuseum gegen das Vergessen kämpft, steht das rekonstruierte Schwarzhäupterhaus für die einstige Pracht Rigas.

Der Rathausplatz entstand im 13. Jh. als Marktplatz und war bis zum 19. Jh. das wirtschaftliche und administrative Zentrum der Stadt. Im Zweiten Weltkrieg wurde er während der Kämpfe zwischen Sowjets und Deutschen weitgehend zerstört, so auch das Schwarzhäupterhaus und das Rathaus. In den Nachkriegsjahren sprengten die Sowjets die Ruinen dieser für die Rigaer so

Neu und alt zugleich: Das rekonstruierte Schwarzhäupterhaus gefällt nicht allen.

bedeutenden Gebäude, die in jüngster Vergangenheit aber dank großzügiger Spenden rekonstruiert werden konnten.

Ü
ÜBRIGENS

In Lettland ist man der festen Überzeugung, dass **der erste Weihnachtsbaum** im Jahre 1510 auf dem Rigaer Rathausplatz stand. Ob die Tradition wirklich genau hier ihren Anfang nahm, darf bezweifelt werden. Nichtsdestotrotz erinnert eine Gedenktafel an das Ereignis, das hier jedes Jahr im Dezember auch ein prächtig geschmückter Christbaum feiert.

Überreste aus der Anfangszeit

Das **Rathaus** 1 (Rātsnams, 1750–65) wurde von dem Holsteiner Johann Friedrich von Öttinger mit Portikus und Turm im Stil des Frühklassizismus errichtet, 1850 ergänzte Johann Daniel Felsko es um ein drittes Geschoss. Seit seiner Rekonstruktion 2003 weist das Gebäude viele moderne Elemente auf. So wurde etwa im Untergeschoss eine kleine Ladenzeile integriert, wo Sie auch einen mehrtausendjährigen Eichenstamm entdecken können, der bei Bauarbeiten freigelegt worden war.

Dagegen wurde beim Wiederaufbau des **Schwarzhäupterhauses** 2 (Melngalvju nams) größter Wert auf eine detailgenaue Rekonstruktion gelegt. Schließlich war es mit seiner Fassade im Stil der holländisch-flämischen Zunfthäuser einst das prachtvollste Gebäude in Riga. 1334 in Chroniken erstmals als Neues Haus der Großen Gilde erwähnt, vermietete es der Stadtrat 1477 an die Compagnie der Schwarzhäupter zu Riga, in deren Besitz es schließlich 1713 überging. Es handelte sich um eine Vereinigung fahrender Kaufleute, die den hl. Mauritius – der Überlieferung zufolge ein Afrikaner – als ihren Schutzpatron betrachteten.

INFOS/ÖFFNUNGSZEITEN

Mentzendorffhaus 6: www.mencendorfanams.com, Mai–Sept. tgl. 10–17, Okt.–Mai Mi–So 11–17 Uhr, 1,42 €

KULINARISCHES FÜR ZWISCHENDURCH

Guten Kaffee und Kuchen, Wraps und Sandwiches gibt es im **Costa Coffee** 1 (Kungu 1, T. 67 22 72 03, www.coffeenation.lv, Mo–Do 7.30–21, Fr 7.30–21.30, Sa 9.30–22, So 9.30–21.30 Uhr). Für eine richtige Mahlzeit empfehle ich Ihnen das gemütliche **Province** 2, das vor allem lettische Speisen anbietet (Kaļķu 2, T. 67 22 25 66, www.provincija.lv, tgl. 10–21 Uhr, um 10 €).

Cityplan: Karte 2, D 4 | **Tram** Grēcinieku iela

Das Haus diente der Compagnie für Geschäfte, Zusammenkünfte und Feiern. Zu Beginn des 17. Jh. wurde der Giebel von niederländischen Meistern im Stile des Manierismus umgestaltet. Die gotischen Giebelstufen erhielten in Stein gehauene dekorative Elemente, Bildhauereien und Metallverzierungen. Ins Auge fällt besonders eine **astronomische Uhr,** die außer den Mondphasen, den Tierkreiszeichen und der Uhrzeit auch das jeweilige Datum und den Wochentag anzeigt. Unter der Uhr befinden sich die Stadtwappen der Hansestädte Riga, Bremen, Lübeck und Hamburg. Im linken Gebäudeteil hat die zentrale **Touristeninformation** ihren Sitz (▸ S. 110). Eine Besichtigung des Schwarzhäupterhauses ist nicht möglich, da die Räumlichkeiten seit 2012 von der Kanzlei des Präsidenten der Republik Lettland genutzt werden.

In der Mitte des Rathausplatzes steht die Kopie eines 1894 von dem Bildhauer August Volz erstellten **Rolandstandbildes** 3**,** das die Bombenangriffe des Zweiten Weltkriegs erstaunlicherweise überstanden hat. Die Figur bezieht sich auf eine nicht mehr erhaltene Holzfigur, die erstmals im 15. Jh. erwähnt wurde. Das Original der heutigen Statue ist in der Petrikirche ausgestellt.

Die astronomische Uhr am Schwarzhäupterhaus wurde einst vom Uhrmachermeister Matis (1626) entworfen. Die jetzige Uhr ist ein Nachbau, der in Regensburg hergestellt wurde.

Sowjetische Relikte

Während der Kämpfe zwischen Sowjets und Deutschen wurden auch die Wohnhäuser rechts des Schwarzhäupterhauses zerstört. An ihrer Stelle errichteten die Sowjets in den 1960er-Jahren ein Museum zum Andenken an die Lettischen Schützen, das die Rigaer schon bald aufgrund seiner dunklen Fassade und seines kastenförmigen Aussehens ›Schwarzen Sarg‹ tauften. Es ehrte jene Soldaten, die im Ersten Weltkrieg auf russischer Seite gekämpft, die Revolution unterstützt und u. a. eine Leibgarde Lenins gestellt hatten.

In den 1990er-Jahren wurde im ›Schwarzen Sarg‹ das **Okkupationsmuseum** 4 (Latvijas okupācijas muzejs) eröffnet, das sich der einundfünfzigjährigen Geschichte der Fremdherrschaft widmet: die erste Okkupation durch die Sowjetunion (1940/41), die Besetzung durch das nationalsozialistische Deutschland (1941–44/45), die zweite Okkupation durch die Sowjetunion

(1944/45–91) und die Wiederherstellung der staatlichen Unabhängigkeit Lettlands. Wegen Renovierungsarbeiten ist das Museum seit November 2015 geschlossen. Ein Teil der Ausstellung wurde deswegen in das ehemalige Gebäude der Amerikanischen Botschaft in der Nähe des Freiheitsdenkmals gebracht (► S. 43). In Zukunft soll die Ausstellung des Okkupationsmuseums jedoch wieder auf dem Rathausplatz zu sehen sein, spätestens dann, wenn der ›Schwarze Sarg‹ einen modernen, hellen Anbau erhalten hat. Wann das geschehen wird, steht wegen diverser Planungsschwierigkeiten jedoch in den Sternen.

Direkt hinter dem Okkupationsmuseum erhebt sich auf dem gleichnamigen Platz das **Denkmal der Lettischen Schützen** 5 (Piemineklis Latviešu strēlniekiem). Eigentlich sind mit dem Denkmal nur die Einheiten der Roten Lettischen Schützen gemeint, worauf auch das verwendete Material – rötlicher Marmor – hinweist. Denn eigentlich wurden die Einheiten der Lettischen Schützen bereits 1915 zusammengestellt, um die baltischen Gebiete gegen die Deutschen im Ersten Weltkrieg zu verteidigen. Doch nach schweren Verlusten und dem Aufkommen von Unmut gegenüber den russischen Machthabern schloss sich 1917 ein großer Teil der Einheiten den Bolschewisten an und beteiligte sich an der Unterdrückung von antikommunistischen Aufständen. Die Bedeutung der Roten Lettischen Schützen wird bis heute in Lettland sehr kontrovers diskutiert.

D
DEUTSCH-BALTEN

Über Jahrhunderte bildeten Deutschbalten die Oberschicht in Riga. Nur sie durften in der heutigen Altstadt leben, während die Letten ihr Dasein in einfachen Holzhäusern außerhalb der Stadtmauern fristen mussten. Lag der Anteil der Deutschen in Riga 1867 bei über 40 %, so sank er nach dem 24. August 1939 in kürzester Zeit auf 0,1 %. Die Unterzeichnung des deutsch-sowjetischen Nichtangriffspakts und des geheimen Zusatzprotokolls, das der Sowjetunion das Baltikum zusprach, hatte zur Folge, dass Hitler für alle Deutschbalten Zwangsumsiedlungen anordnete.

→ UM DIE ECKE

Das im Jahr 1695 erbaute **Mentzendorffhaus** 6 hatte verschiedene Besitzer, bevor es 1884 schließlich der Kaufmann August Mentzendorff erwarb. Knapp 100 Jahre später wurden bei der Renovierung des Hauses einzigartige Decken- und Wandmalereien entdeckt und freigelegt. Räume und Exponate vermitteln Einblicke in den Alltag und die Lebensweise eines Rigaer Bürgers im 17./18. Jh. Im selben Gebäude hat übrigens das Deutschbaltisch-Lettische Zentrum Domus Rigensis seine Räumlichkeiten, das mit seinen Aktivitäten das deutschbaltische Kulturerbe lebendig hält (www.domus-rigensis.eu).

Zwischen Backstein und Barock – **der Dom und mehr**

3

Der Rigaer Dom ist nicht nur das größte mittelalterliche Gotteshaus des Baltikums, sondern steht auch auf dem wohl schönsten Platz Rigas. Im Innern des Doms fasziniert eine prächtige Walcker-Orgel von 1884 mit reinem Klang. Und im benachbarten Domkloster wird die Geschichte der Stadt lebendig. Also, nichts wie hin!

Der Domplatz existiert in seiner heutigen Form erst seit dem Ende des 19. Jh., als gleich mehrere Häuser abgetragen wurden, um in der eng gewordenen Altstadt im wahrsten Sinne des Wortes Platz zu schaffen und dem Dom mehr Raum und Geltung zu verschaffen. Im Jahr 1936 wurde der Platz erneut erweitert und einige

Bunte Motivauswahl: Die Glasfenster des Doms wurden im späten 19. Jh. in Riga, Dresden und München gefertigt. Sie stellen Szenen aus dem Neuen Testament und aus der Rigaer Stadtgeschichte dar, wie etwa den Besuch des schwedischen Königs.

Häuser rund um den Dom abgerissen. Die Orte, an denen die Häuser einst standen, sind noch deutlich anhand der Pflasterung zu erkennen.

Harmonischer Stilmix

Auf einer Grundfläche von 187 mal 43 m erhebt sich der mächtige **Rigaer Dom** 1 (Rīgas Doms). Obwohl ursprünglich auf einer Anhöhe gebaut, befindet sich das Fundament heute mehrere Meter unter Straßenniveau, da die Straßen um den Dom wegen Überflutungen der Daugava wiederholt aufgeschüttet werden mussten. Dies verhinderte jedoch nicht, dass immer wieder

INFOS/ÖFFNUNGSZEITEN

Dom 1: T. 67 21 32 13, www.doms.lv, Juli–Sept. Sa–Di 9–18, Mi 9–17, Do 9–17.30, Fr 9–17 Uhr, Okt.– Juni tgl. 10–17 Uhr; Orgelkonzerte häufig Mi, Fr, Sa 12 oder 19 Uhr, Eintritt 5 oder 10 €; Gottesdienste auf Deutsch finden jeden 2.–5. So um 10 Uhr im Kapitelsaal des Doms statt (www.kirche.lv).
Museum für Stadtgeschichte und Schifffahrt 3: inklusive Kreuzgang (Eingang im Dom), T. 67 35 66 76, www.rigamuz.lv, Mai–Sept. tgl. 10–17 Uhr, Okt.–April Mi–So 11–17 Uhr, 4,27 €
Kunstmuseum Rigaer Börse 5: www.lnmm.lv, Di 10–18, Mi 10–20, Do 10–18, Fr 10–20, Sa/So 10–18 Uhr, Eintritt Dauerausstellung 3 €
Barrikadenmuseum 6: www.barricades.lv, Mo–Fr 10–17, Sa 11–17 Uhr, Eintritt frei (Spende erbeten)

KULINARISCHES FÜR ZWISCHENDURCH

In der **B-Bars** 1 am Domplatz sollten Sie unbedingt einen Cocktail mit dem berühmten Kräuterlikör Rīgas *melnais balzams* versuchen (Doma laukums 2, T. 67 22 88 42, www.bbars.lv, So–Do 11–24, Fr/Sa 11–3 Uhr), während im **Cuba Café** 2 eher klassische Cocktails angesagt sind (Jauniela 15, T. 67 22 43 62, www.cubacafe.lv, So/Mo 15–2, Di 15–3, Mi/Do 15–4, Fr/Sa 15–6 Uhr). Feinschmecker dürfen sich im **Neiburgs** 3 verwöhnen lassen (Jauniela 25/27, T. 67 11 55 44, www.neiburgs.com, tgl. 11–23 Uhr). Das Selbstbedienungsrestaurant **Alus Sēta** 4 (Tirgoņu iela 6, www.lido.lv, tgl. 11–23 Uhr) bietet dagegen eine große Auswahl frisch zubereiteter lettischer Gerichte zu akzeptablen Preisen. Dazu gibt es hauseigenes Bier.

Cityplan: Karte 2, D 4 | **Tram** Grēcinieku iela

Wasser in den Dom eindrang, Hochwassermarken im Innern der Kirche erinnern daran. Die lange Baugeschichte des Doms spiegelt sich in den unterschiedlichen Baustilen wider, die von der Romanik bis zum Barock reichen. Vielleicht ist es ja gerade dieses Nebeneinander der unterschiedlichen Stile, das dem Dom ein so lebendiges Aussehen verleiht.

Den Grundstein für den Dom legte 1211 der Stadtgründer Bischof Albert höchstpersönlich. Erst sieben Jahrhunderte später bemerkte man, dass die Kirche auf kurischen Grabsteinen errichtet worden war. Für das Fundament hatte man nämlich große Steine aus Pļaviņas und Koknese an der Daugava (Düna) herbeigeschafft. Die ältesten Gebäudeteile sind Chor und Querschiff. Das prächtige gotische Nordportal aus dem 13. Jh., das sich zum höher liegenden Domplatz hin öffnet, diente ursprünglich als Haupteingang zum Dom.

Rigaer Dom

Musik aus 6718 Pfeifen

Da die ursprüngliche Ausschmückung des Gotteshauses während der Reformation 1524 Bilderstürmern sowie dem Brand 1547 zum Opfer gefallen ist, dominieren heute Kunstwerke des Manierismus und Barock. Aufmerksamkeit verdienen das Grab Meinhards, des ersten Bischofs von Livland, sowie der Gedenkstein der kleinen Gilde aus dem 19. Jh.

Die Glasfenster aus dem 19. Jh. illustrieren wichtige Ereignisse der Stadtgeschichte. Sehenswert sind die Schnitzereien der barocken Holzkanzel (1641), ein Meisterwerk der Schnitzkunst stellt der Orgelprospekt von Jacob Raab aus dem Jahr 1602 dar.

Höhepunkt der Ausstattung ist aber sicherlich die prächtige **Walcker-Orgel** von 1884, die in der Firmenzentrale in Ludwigsburg komplett angefertigt und aufgebaut wurde. Zu ihrer Entstehungszeit war sie mit ihren 6718 Pfeifen, 124 Registern und vier Manualen die größte Orgel der Welt, und bis zum Bau der Walcker-Orgel in Breslau 1913 war sie immerhin noch die größte Orgel in Europa. Die längste Pfeife misst übrigens 10 m und die kürzeste nur 13 mm. Ein Konzertbesuch ist auf jeden Fall ein Erlebnis, das ich auch Ihnen unbedingt empfehle!

D
DEUTSCHE

Es gibt nicht viele Deutsche, die dauerhaft in Riga leben. Manche kommen aus beruflichen Gründen für ein paar Jahre in die Stadt. Interesse an deutscher Sprache und Kultur und haben aber auch Letten, die deutsche Wurzeln haben, und Russlanddeutsche, die es hierher verschlagen hat. Einige von ihnen treffen sich jeden 2. bis 5. Sonntag im Monat zum Gottesdienst der deutschen Gemeinde im Kapitelsaal des Doms (meist 10 Uhr) und an jedem 1. Sonntag in der Jesuskirche (13 Uhr).
www.kirche.lv

Ursprünglich verband der Kreuzgang den Dom, das Kloster und das Domkapitel, der sich im Ost- und Südflügel befand. Den Westflügel belegte die 1211 gegründete Domschule, an der von 1764 bis 1769 Johann Gottfried Herder tätig war.

Geschichte von Riga

Rechts neben dem Dom stellt der **Kreuzgang** 2 (Rīgas Doma krusteja) aus dem 13. Jh. ein Meisterstück der frühen baltischen Gotik dar. In der 118 m langen Dreiflügelanlage mit 29 Kreuzgewölben sind u. a. archäologische und heimatkundliche Fundstücke zu sehen: Kanonen, Grabsteinplatten, Schmiedearbeiten von zerstörten Häusern, ein Gipsmodell des Denkmals Peters I. und der sog. Steinkopf von Salaspils, wohl ein Götzenbild der Liven.

Sie gehören zum **Museum für Stadtgeschichte und Schifffahrt** 3 (Rīgas vēstures un kuģniecības muzejs), das im Obergeschoss des Domklosters einen interessanten Überblick über die Entwicklung der Hansestadt Riga bietet. Es ist eines der ältesten Museen Europas und entstand aus den Sammlungen, die der Rigaer Arzt Nikolaus Himsel zu Naturwissenschaft, Geschichte und Kunst zusammengetragen hatte. Inzwischen umfasst der Fundus rund 300 000 Exponate, etwa die Hälfte davon sind archäologische Fundstücke, die die Geschichte Rigas dokumentieren. Highlights sind Teile eines Schiffs, das bei Ausgrabungen auf dem Albertplatz entdeckt wurde, sowie der Große Christoph (Lielais Kristaps), eine bunt bemalte, 2,36 m große Holzstatue, die zu den drei historischen Wahrzeichen Rigas zählt. Eine Kopie der Figur steht am Ufer der Daugava (► S. 120).

P
PLAKETTE

Von der Platzmitte aus, wo eine in das Pflaster eingelassene Plakette an die Aufnahme Rigas in die Liste des UNESCO-Welterbes erinnert, können Sie die goldenen Hähne von gleich drei Rigaer Kirchen erkennen.

Auf dem kleinen Herdera laukums vor dem Domkloster steht in einem umzäunten Gärtchen zwischen zwei Eichen das **Denkmal für Johann Gottfried Herder** 4 (J. G. Herdera piemineklis). Herder unterrichtete 1764 bis 1769 als Aushilfslehrer an der Domschule und wurde später außerdem Pfarradjunkt an zwei vorstädtischen Kirchen. Im Rahmen seiner Studien sammelte und übersetzte er lettische Texte und Lieder (Dainas), noch bevor sich die Letten selbst intensiver mit ihrem kulturellen Erbe beschäftigten. Das Denkmal wurde 1864 in Erinnerung des 100. Jahrestages seiner Ankunft aufgestellt. Die Büste ist eine Kopie des oberen Teils des Herder-Denkmals in Weimar.

Kunst in der Börse

Eines der auffälligsten Gebäude auf dem Domplatz ist das Haus der ehemaligen Rigaer Börse, das zwischen 1852 und 1855 vom Petersburger Architekten Harald Julius von Bosse im Stil der venezianischen Renaissance gebaut wurde. Wertpapierhandel fand hier allerdings schon seit den 1920er-Jahren nicht mehr statt. Stattdessen wurde in dem prächtigen Palazzo 2011 das **Kunstmuseum Rigaer Börse** 5 eröffnet, das vor allem ausländische Kunst zeigt. So sind in der »Galerie der Malerei« westeuropäische Bilder des 16. bis 19. Jh., in der »Galerie des Westens« westeuropäische Porzellan- und Glaskunst des 18. bis 20. Jh. und in der »Galerie der Kunst des Orients« Kunst aus dem Nahen und Fernen Osten, insbesondere aus Japan und China, ausgestellt. Im Erdgeschoss sind oft aufwendige Wechselausstellungen zu sehen.

UM DIE ECKE

Das **Museum der Barrikaden des Jahres 1991** 6 (1991.gada barikāžu muzejs) ist in einer kleinen Seitenstraße beim Dom untergebracht und erinnert die Tage im Januar 1991, als sich der Konflikt zwischen der lettischen Unabhängigkeitsbewegung und den sowjetischen Truppen auf dramatische Weise zuspitzte. In den Museumsräumen sind historische Situationen nachgebaut. Sehr empfehlenswert!
Als schmalste Straße Rigas gilt die **Rožena iela** gleich um die Ecke. An ihrer engsten Stelle meint man, die Häuserfassaden beider Straßenseiten gleichzeitig berühren zu können.

M
MÄRKTE

Rund um den 20. bis 22. Juni findet auf dem Domplatz immer der **Gräsermarkt** statt, auf dem Sie so ziemlich alles finden, was man für ein gelungenes lettisches Mittsommernachtsfest *(līgo)* braucht: Blätterkränze, Johanniskäse, Blumensträuße, Blumengirlanden und vieles mehr. Nicht verpassen!
Ab Ende November bis Anfang Januar laden auf dem **Weihnachtsmarkt** (So–Do 10–20, Fr/Sa bis 22 Uhr) diverse Stände mit allerlei zu dieser Zeit passenden kulinarischen Produkten zum gemütlichen Verweilen ein. Außerdem finden in dieser Zeit regelmäßig Konzerte auf einer kleinen Bühne vor dem Dom statt (www.vzt.lv).

4

Eingangstor zur Altstadt – **der Livenplatz**

Er ist vielleicht nicht der schönste Platz der Stadt, mit Sicherheit aber der belebteste. Wenn im Sommer die Bars unter freiem Himmel gefüllt sind, fühlt man sich auf dem Livenplatz wie in einem riesigen Biergarten. In der direkten Umgebung sind außerdem Sehenswürdigkeiten, wie die Gildehäuser und das sog. Katzenhaus, zu entdecken.

Fahrrad fahren mit Stil: Die Teilnehmer des Tweed Run 2016 zeigten sich der interessierten Öffentlichkeit auch auf dem Livenplatz.

Sowohl Einheimische als auch Touristen steuern die Altstadt von der Neustadt aus gerne über die Kaļķu iela an. Auf dem kurzen Wegstück, bevor sich der Livenplatz öffnet, begegnen ihnen zu beinahe jeder Tages- und Nachtzeit bettelnde Großmütterchen, geduldige Blumenverkäuferin-

nen und konzentrierte Straßenmusiker. Auf dem Platz selbst haben zu allen Jahreszeiten etliche Souvenirhändler ihre rollenden Läden geparkt, wo sie meistens falschen Bernstein anbieten. Junge Männer stehen mit ihren modernen Rikschas für Stadtrundfahrten bereit. Abends verteilen nicht selten junge Frauen Flyer an vorbeigehende Männer, um sie in die Nachtclubs rund um den Livenplatz zu locken. Das Ambiente dieses Platzes ist also nicht das Beste. Dennoch sind hier einige Sehenswürdigkeiten zu finden, die Sie nicht auslassen sollten.

Das ›Katzenhaus‹ am nördlichen Ende des Livenplatzes gleicht ein wenig einer mittelalterlichen Festung mit Jugendstilelementen. Der Name des Platzes erinnert an die Ureinwohner der Stadt. Das Siedlungsgebiet der finno-ugrischen Liven, deren Sprache mit dem Estnischen, Finnischen und dem Ungarischen verwandt ist, umfasste im 13. Jh. die Dünamündung um das heutige Riga und erstreckte sich entlang der Ostseeküste in westlicher und nördlicher Richtung bis in den Süden des heutigen Estlands. Heute wird die livische Kultur nur noch in 14 Fischerdörfern im Westen Lettlands gepflegt. Die livische Sprache beherrschen vielleicht noch etwa 20 Menschen.

Neuer Platz auf alten Mauern

Bis zum Zweiten Weltkrieg war der Livenplatz (Livu laukums) wie der Rest der Altstadt eng bebaut. Dann aber wurde an dieser Stelle ein Großteil der Häuser bei Kämpfen zwischen Deutschen und Sowjets so stark beschädigt, dass man sich entschloss, sie nicht wiederherzustellen. In seiner heutigen Form existiert der Livenplatz seit 1974.

An seiner Westseite, etwa an der Stelle der Meistaru iela, floss früher der kleine Fluss Rige, bevor er im 17. Jh. zugeschüttet wurde. Sein Verlauf lässt sich übrigens anhand der wellenförmigen Anordnung der Pflastersteine nachvollziehen. An der Meistaru iela verlief aber auch viele Jahrhunderte lang die Stadtmauer, bevor die Altstadt erweitert wurde und die heutige Größe erreichte. Das malerische Häuserensemble an der Ecke Meistaru/Kaļķu iela entstand beispielsweise im 17. Jh., als die alte Stadtmauer ihre ursprüngliche Funktion nicht mehr erfüllen konnte.

Deutschbaltisches Machtzentrum

Besonders ins Auge fallen die nach hanseatischem Vorbild erbauten Gildehäuser. Die beiden Gilden entstanden Mitte des 14. Jh., als sich deutsche Kaufleute zur Großen Gilde und deutsche Handwerker zur Kleinen Gilde zusammenschlossen. Letten durften lange Zeit nicht eintreten. Ihre beiden Häuser nutzten die Mitglieder zunächst nur für Versammlungen und gesellige Anlässe, später gewann vor allem die Große Gilde an politischem Einfluss.

Die heutigen Gebäude datieren ins 19. Jh. Die **Kleine Gilde** 1 (Mazā ģilde) entstand 1866 nach

INFOS/ÖFFNUNGSZEITEN

Kleine Gilde 1: www.gilde.lv/maza/, englischsprachige Führungen mit Lilita Laine, T. 67 22 37 72. Auf der Website können Sie unter dem Menüpunkt »Guided Tours« per 360-Grad-Aufnahmen einige Blicke in die Räume werfen. **Große Gilde** 2: www.lnso.lv, bis auf das moderne Foyer nur bei Konzerten des Symphonieorchesters zugänglich.

KULINARISCHES FÜR ZWISCHENDURCH

Die neue lettische Küche lernen Sie gut im hervorragenden Restaurant **Kaļķu vārti** 1 kennen (Kaļķu 11, T. 67 22 45 76, www.kalkuvarti.lv, tgl. 12–24 Uhr, 20 €), während im **T.G.I. Friday's** 2 amerikanische Küche auf den Tisch kommt (Kaļķu 6, T. 67 22 90 71, www.fridays.lv, tgl. 12–24 Uhr). Gutes Frühstück gibt es im **Double Coffee** 3 (Valņu 11, Eingang von Kaļķu iela, T. 67 50 31 99, www.doublecoffee.lv, So–Do 9–1, Fr/Sa 9–6 Uhr).

THEATER AUF RUSSISCH

Im **Russischen Theater** 1 (Krievu drāmas teātris, www.trd.lv) am Livenplatz finden überwiegend russische, aber auch lettische Aufführungen statt.

Cityplan: Karte 2, D/E 4 | **Bus** Inženieru iela

einem Entwurf von Johann Daniel Felsko im Stil der anglikanischen Gotik. In dem Haus, das Sitz mehrerer Kulturorganisationen ist und Veranstaltungsort ist, sind viele Zeugnisse der Hanse erhalten, wie z. B. Rundgemälde und Wappen der Hansestädte oder Porträts der sogenannten Eldermänner. Es ist aber immer möglich, das Gebäude von innen zu besichtigen.

In der **Großen Gilde** 2 (Lielā Ģilde), 1857 von Karl Beine ebenfalls in den Formen der anglikanischen Gotik errichtet, bestehen Räume aus den Vorgängerbauten, z. B. die Münsterstube (14. Jh.) und die Brautkammer (1521), heute auch als Kaminsaal bekannt, fort. Und sie beherbergt den **Konzertsaal des Lettischen Nationalen Symphonieorchesters,** in dem auch andere auch für Touristen interessante Konzerte stattfinden.

Für das benachbarte **Wohnhaus der Großen Gilde** 3 (Lielās ģildes dzīvojamā ēka) lieferte Wilhelm Ludwig Bockslaff den Plan.

Verkehrte Dachkatzen

Vermutlich jeder Stadtführer nimmt sich für das **Katzenhaus** 4 (Kaķu nams), das 1909 nach einem Entwurf von Friedrich Scheffel in unmittelbarer Nachbarschaft der Gildenhäuser erbaut wurde, besonders viel Zeit. Schließlich gehört die Entstehung dieses mächtigen Jugendstilgebäudes zu den beliebtesten Legenden Rigas. Angeblich ließ nämlich 1909 ein reicher lettischer Kaufmann aus Wut darüber, dass ihm der Beitritt in die Große Gilde verwehrt wurde, auf dem Dach seines neuen Hauses schwarze Katzenfiguren anbringen – mit dem Hinterteil in Richtung Gildehäuser. Es kam zu einem Gerichtsprozess, den der Händler verlor. Die Katzen wurden umgedreht und müssen seither den Anblick der Gildenhäuser ertragen. Vor allem aber gehört das Katzenhaus mit seinem prächtigen Portal zu den interessantesten Jugendstilgebäuden in der Altstadt.

UM DIE ECKE

Der **Wagner-Konzertsaal** 5 (Vāgnera koncertzāle) in der vom Livenplatz abgehenden Vāgnera iela war in seiner Anfangszeit das erste deutsche Theater Rigas. Hier gastierten die Musikstars des 19. Jh., u. a. Anton Rubinstein, Franz Liszt, Robert Schumann, Clara Wieck-Schumann, und hier war Richard Wagner von 1837 bis 1839 als Kapellmeister beschäftigt. Nachdem Wagner seine Stellung verloren hatte, floh er vollkommen überschuldet mit seiner Frau auf einem kleinen Segelschiff nach London. Die sehr stürmisch verlaufende Seereise, bei der das Schiff beinahe kenterte, soll Wagner zu dem »Fliegenden Holländer« inspiriert haben. Zur Zeit wird der Saal nur gelegentlich für Kammerkonzerte genutzt.

B
BALSAM

Wenn Sie die besonderen Eigenschaften des Lettischen Nationalgetränks Rīgas Melnais balzāms entdecken möchten, werden Sie dafür kaum einen besseren Ort finden als die **Riga Black Magic Bar** 2 (www.since1752.lv, tgl. 10–1 Uhr). Der Kräuterlikör wird hier in allen möglichen Variationen zubereitet. Dazu gibt es Kuchen und Schokolade mit Kaffee oder Tee. Das Innere des Cafés erinnert an die Zeit, als der Kräuterlikör im 18. Jh. erstmals in Riga verkauft wurde. Achten Sie auch auf die hinter einem Regal versteckte Treppe zum Labor des Alchemisten!

5

Einstiges und heutiges Machtzentrum – **rund um die Jakobskirche**

Das Viertel rund um die Jakobskirche ist ein bisschen ruhiger als die anderen Teile der Altstadt. Hier tagt das Lettische Parlament, und hier hat der lettische Präsident seinen Amtssitz.

Sollten Sie sich gerade im Kunstmuseum Börse aufhalten, nehmen Sie den Hinterausgang – der führt auf Maža Pils iela, auf der Sie eines der bekanntesten Häuserensembles Rigas sehen: Die **›Drei Brüder‹** 1 (Trīs brāļi) erhielten ihren Namen in Anlehnung an die ›Drei Schwestern‹ im estnischen Tallinn. Während jene von einem reichen Kaufmann für seine drei Töchter gebaut wurden, entstanden die ›Drei Brüder‹ zu unterschiedlichen Zeiten. Das Haus rechts mit dem gotischen Stufen-

Höchst unterschiedliche Geschwister sind die ›Drei Brüder‹.

giebel (Nr. 17) wurde vermutlich Ende des 15. Jh. erbaut und gilt als das älteste erhaltene Wohnhaus in Riga. Fast genauso alt ist das gelbe Haus in der Mitte (Nr. 19), dessen Fassade 1646 im holländischen Stil erneuert wurde. Das Haus links mit dem Barockgiebel (Nr. 21) ist der jüngste ›Bruder‹ und erhielt sein heutiges Aussehen Ende des 17. Jh.

Es lohnt sich ein Blick ins **Architekturmuseum** (Arhitektūras muzejs) im mittleren Haus, wo die alten Stuben des Grundgeschosses gut erhalten sind. Im idyllischen Hinterhof, den Sie durch das Museum erreichen, werden Sie einige historische Wappen in deutscher Schrift entdecken.

Religion und Politik

Die im Jahre 1225 erstmals erwähnte katholische **Jakobskirche** 2 (Jēkaba katedrāle) konnte sich trotz vieler Umbauten hauptsächlich romanische sowie Elemente der Früh- und Hochgotik bewahren. Die Glocke an der Außenseite des 80 m hohen gotischen Kirchturms läutete früher bei Feuer, Überschwemmungen und Hinrichtungen, aber auch, so will es der Volksmund, wenn eine untreue Ehefrau vorüberging – und die Glocke soll recht häufig geschlagen haben. Die Kathedrale wechselte häufiger als andere Rigaer Gotteshäuser ihren Herrn. Seit 1924 ist sie dem katholischen Erzbischof unterstellt.

Auf der anderen Seite ist das **Lettische Parlament** 3 (Saeima) in einem Gebäude untergebracht, das ironischerweise vor der ersten Unabhängigkeit Lettlands (1918–40) als Versammlungsort der überwiegend von Deutschbalten geprägten livländischen Ritterschaft diente. 1863 bis 1867 wurde das Gebäude nach Plänen von Jānis Frīdrihs Baumanis und Robert Pflug im Stil florentinischer Renaissancepaläste errichtet.

Burg oder Schloss?

Das **Rigaer Schloss** 4 (Rīgas pils) war ursprünglich die Burg des Deutschen Ordens und über mehrere Jahrhunderte dessen Hauptsitz. Seine Geschichte ist von Krieg und Zerstörung geprägt. Die erste Ordensburg bei der Georgskirche (▶ S. 22) wurde 1297 von den Bürgern Rigas zerstört. In den langjährigen Auseinandersetzungen gewann 1330 der Orden wieder die Oberhand und zwang die Rigaer, eine neue Burg außerhalb

S
SCHUTZ

Weil in der Nacht zum 13. Januar 1991 sowjetische OMON-Truppen in Litauen verschiedene Gebäude besetzt und 14 Menschen getötet hatten, befürchteten die Rigaer gleiche Aktionen in ihrer Stadt und errichteten **Barrikaden** rund um die wichtigsten Gebäude der Stadt. Ein kleines **Mahnmal** an der Ecke Jēkaba und Klostera iela erinnert an diese Tage.

Die Tür zur Saeima, dem lettischen Parlament. Genau 100 Abgeordnete entscheiden hier über die Geschicke ihrer Landsleute.

INFOS/ÖFFNUNGSZEITEN

Architekturmuseum 1: T. 67 22 07 79, www.archmuseum.lv, Mo 9–18, Di–Do 9–17, Fr 9–16 Uhr
Jakobikirche 2: T. 67 32 64 19, www.catholic.lv/katedrale, tgl. 7–19 Uhr
Arsenal 5: T. 67 35 75 19, www.lnmm.lv, Di/Mi und Fr 12–18, Do 12– 20, Sa/So 12–17 Uhr, Eintritt 3,60 €;
Goethe-Institut: T. 67 50 81 94, www.goethe.de/riga, Mo–Fr 8–20, Sa 9–16, Bibliothek Di–Do 13–19, Fr 11–14 und jeden 1. Sa im Monat 10–14 Uhr
Kriegsmuseum 10: im Pulverturm, T. 67 22 81 47, www.karamuzejs.lv, tgl. 10–18 Uhr, Eintritt frei

KULINARISCHES FÜR ZWISCHENDURCH

Alles, was mit Knoblauch zu tun hat, wird schmackhaft im **Ķiploku krogs** 1 zubereitet (Jēkaba 3/5, T. 67 21 14 51, www.kiplokukrogs.lv, tgl. 12–23 Uhr, 9 €). Gemütlich Kaffee trinken und Kuchen essen Sie im **Parunasim** 2 in einem Hinterhof bei der Jakobskirche (Mazā pils 4, T. 25 66 35 33, Mo–Do 11–23, Fr/Sa 11–24, So 11–22 Uhr).

Cityplan: Karte 2, D/E 3/4 | **Bus, Tram** Nacionālais teātris

der Stadtmauern zu bauen. Wie diese Burg beschaffen war, ist nicht bekannt, denn 1484 rächten sich die Stadtbewohner für die Demütigung und zerstörten die Anlage. Doch die nächste Niederlage folgte auf dem Fuße, und so mussten die Rigaer bis 1515 die Burg ein zweites Mal aufbauen. Aus dieser Zeit stammen die beiden Wehrtürme, die noch heute das Panorama an der Daugava prägen. Im Verlauf des 18. und 19. Jh. wurde die Hauptfassade im frühklassizistischen Stil umgestaltet. Das Schloss ist seit 1995 Residenz des lettischen Staatspräsidenten.

Kunst im Waffenlager

Das 1832 als Zolllager anstelle des abgetragenen schwedischen Zeughauses errichte **Arsenal** 5

(Arsenāls) ist mit seinen ausgewogenen Proportionen und der Klarheit der Komposition ein Musterbeispiel des russischen Klassizismus. Im renovierten Gebäude befindet sich der **Ausstellungssaal Arsenāls.** Die Dependance des Nationalen Kunstmuseums zeigt hier Werke etablierter lettischer Künstler aus der zweiten Hälfte des 20. Jh.

Die alte Straße und der Turm

Die Straße **Torņa iela** 6 birgt Reste der ehemaligen Schutzmauer der Stadt. Nachdem im 17. Jh. eine Verteidigungslinie aus Erdwällen errichtet worden war, verlor die Mauer an Bedeutung. Im 18. Jh. entstanden auf der Fläche zwischen Wall und Mauer die **Jakobskasernen** 7 (Jēkaba kazarmas). Die drei zusammenhängenden, im klassizistischen Stil erbauten zweigeschossigen Gebäude beherbergen heute Boutiquen, Cafés und Souvenirläden. Das die Torņa iela mit der Altstadt verbindende **Schwedentor** 8 (Zviedru vārti) wurde 1698 während der schwedischen Herrschaft erbaut. Es blieb als einziges der 25 Rigaer Stadttore bis heute erhalten. Weil die schwedischen Besatzer einen möglichst direkten Weg von der Altstadt zu den neueren Befestigungsanlagen benötigten, brachen sie einfach ein Loch in ein Wohnhaus. Am Ende der Torņa iela erkennen Sie den in den 1970er-Jahren rekonstruierten **Rahmerturm** 9 (Rāmera tornis) mit einem kleinen Rest der Stadtmauer.

Der **Pulverturm** 10 (Pulvertornis) ist der einzige noch erhaltene von einst 28 Festungstürmen in der Stadt. Der trutzige backsteinerne Rundbau mit annähernd 3 m dicken Mauern wurde vermutlich Anfang des 14. Jh. errichtet, bevor er 1621 von den Schweden zerstört und 1650 von diesen wieder aufgebaut wurde. Heute beherbergt der Pulverturm einen Teil der Sammlung des **Kriegsmuseums** (Kara muzejs).

UM DIE ECKE

Das Rigaer **Goethe-Institut** im ehemaligen Arsenal 5 ist für deutschsprachige Touristen vor allem wegen seiner kleinen Bibliothek interessant, in der sie u. a. deutschsprachige Bücher zum Thema Riga und Lettland finden. Der Eingang liegt etwas versteckt auf der Rückseite des Arsenals in der Klostera iela.

Ü ÜBRIGENS

Die schmale **Trokšņu iela** verläuft um die Ecke vom Pulverturm entlang der ehemaligen Stadtmauer und war im 19. Jh. nicht nur sehr laut, sondern auch bekannt für die zahlreichen Prostituierten, die hier ihre kleinen Zimmer hatten. Angeblich brauchte man nur in die Hände zu klatschen – schon kamen gleich mehrere Damen an ihre Fenster.

6

Spazieren und pausieren – **der Park am Stadtkanal**

Beschützend umschließt der Stadtkanal die historische Altstadt. Mit alten Bäumen und Blumenrabatten, einem verzweigten Wegesystem, Skulpturen, Brunnen und künstlichen Wasserfällen bietet die Parkanlage an seinen Ufern Rigaern wie Besuchern Raum zur Erholung.

Bis Mitte des 19. Jh. umgaben ein Schutzwall und ein kilometerbreites, unbebautes Territorium den alten Stadtkern Rigas. 1856 entschied der Stadtrat, den überflüssig gewordenen Wall abzutragen und die neuen freien Flächen in Parks und Boulevards umzuwandeln. Eine kluge und weitsichtige Idee, denn bis heute trägt der Grünzug erheblich dazu bei, die Lebensqualität in Riga zu steigern.

Der Stadtkanal war einmal ein tiefer Verteidigungsgraben, der rund um die Altstadt führte. Heute lädt er zu beschaulichen Bootstouren ein.

Rund um den Bastionshügel

Von den Wehranlagen blieben nach Jahren der Bautätigkeit nur noch der Stadtkanal (Pilsētas kanāls) und der **Bastionshügel** 1 (Bastejkalns) übrig. Trotz seiner geringen Höhe von 20 m bietet der Hügel mit seinen serpentinenartigen Wegen und künstlichen Wasserfällen eine schöne Aussicht auf den Kanal, die Freiheitsstatue und den Raiņa bulvāris mit seinen repräsentativen Prachtbauten. An seinem Fuß spannen sich zwei kleine **›Liebesbrücken‹** 2 (Mīlestība tilts) über den Kanal, an deren Geländern frisch vermählte Paare als Zeichen ihrer innigen Verbundenheit ein kleines Schloss anbringen. Die Liebe mag halten, die Schlösser werden jährlich entfernt. **Gedenksteine** 3 (Pieminas vieta) beiderseits des Kanals erinnern an die Tage im Januar 1991, als bei einem Angriff von sowjetischen Spezialeinheiten auf das Haus des lettischen Innenministeriums fünf Menschen erschossen wurden. Ein Weg am Ufer führt zu einem Biergarten und einem **Bootsanleger** 3 (Piestātne).

B
BOOTE

Am Bootsanleger 1 im Park können Sie nicht nur Tretboote mieten, sondern auch zu einer **Kanalrundfahrt** in einem elektrisch angetriebenen Holzboot aufbrechen.

Ikone der Freiheit

Das **Freiheitsdenkmal** 4 (Brīvības piemineklis) auf dem für Autos gesperrten Abschnitt des Brīvības bulvāris stammt aus der Zeit der Ersten Unabhängigkeit und gilt als das lettische Nationaldenkmal. Es entstand aus einer Zusammenarbeit zwischen dem wohl berühmtesten Bildhauer Lettlands, Kārlis Zāle, und dem Architekten Ernests Štālbergs.

Das 42 m hohe Monument krönt eine Kupferstatue (im Volksmund Milda genannt). Es wurde am 18. November 1935 zur Feier des 15. Jahrestags der Ausrufung der Freien Republik Lettland eingeweiht. Die Sowjets versuchten immer wieder, es zu entfernen oder umzudeuten. Dem Argument, dass das Denkmal aufgrund des zunehmenden Verkehrsaufkommens einstürzen könne, wichen die Rigaer geschickt aus, indem sie den Platz um die Statue einfach zur Fußgängerzone erklärten. Während der Demonstrationen zu Beginn der 1990er-Jahre war der Platz um das Freiheitsdenkmal regelmäßig zentraler Versammlungsort.

Ein kleiner Seitenhieb auf die sowjetischen Besatzer: Die Freiheitsstatue blickt – ebenso wie die

Das Gesicht von Milda, der Statue, die auf dem Freiheitsdenkmal trohnt, sehen Sie übrigens auf den lettischen 1- und 2-Euro-Münzen abgebildet.

stolzen Figuren im Sockel des Denkmals – nach Westen, die unglücklichen und beladenen Figuren in Richtung Osten.

Ü
ÜBRIGENS

Das Freiheitsdenkmal wird bei Wind und Wetter von einer sich stündlich ablösenden **Ehrenwache** beschützt. Zwar ist es erlaubt zu fotografieren, auf keinen Fall sollte man jedoch das Denkmal verspotten oder sich über die Wache lustig machen. Es haben übrigens schon so manche männliche Touristen, die sich in betrunkenem Zustand ausgerechnet am Freiheitsdenkmal erleichtern mussten, eine deftige Strafe dafür gezahlt.

Schweres Erbe

Nur einige Schritte entfernt, sind im Gebäude der **ehemaligen Amerikanischen Botschaft** 5 übergangsweise wegen der aktuellen Renovierungsarbeiten im **Okkupationsmuseum** (► S. 27) Teile seiner sehr aufschlussreichen Ausstellung untergebracht. So sehen Sie hier Dokumente über das geheime Zusatzprotokoll des Hitler-Stalin-Paktes vom 24. August 1939, in dem die Aufteilung Osteuropas zwischen dem Deutschen Reich und der Sowjetunion vereinbart wurde. Ein anderer Teil der Exponate beschäftigt sich mit den Massendeportationen lettischer Bevölkerungsschichten in die Gulags. Sie erfahren, dass die Zerstörung der nationalen Eigenständigkeit Lettlands sowie die Verbrechen am lettischen Volk bewusst geplant und systematisch vollzogen wurden. Ein zentrales Thema der Ausstellung ist das Auftreten der deutschen Besatzer in Lettland: Anfangs wie Befreier begrüßt, verbreiteten sie schon bald Angst und Schrecken. In kurzer Zeit vernichteten sie die jüdische Bevölkerung in Lettland nahezu vollständig.

Auf der anderen Seite des Brīvības bulvāris stehen die in einem neogotischen Prachtbau untergebrachte **Deutsche Botschaft** 6 sowie ein Stück weiter das **Hauptgebäude der Universität** 7, das zwischen 1860 und 1885 errichtet wurde. An der Fassade aus gelbem Ziegelstein sind Formen sowohl der romanischen als auch der byzantinischen Baukunst zu erkennen. Die Hauptfassade wird von Reliefs geschmückt, die die ersten neun Fakultäten und die drei baltischen Provinzen symbolisieren (www.lu.lv).

Musentempel

Über eine kleine Brücke gelangen Sie zur **Lettischen Nationaloper** 8 (Latvijas Nacionālā opera), die in den 1860er-Jahren von Ludwig Bohnstedt als Deutsches Theater im Stil des Neoklassizismus erbaut wurde. Großartig die Hauptfassade: Sechs ionische Säulen tragen einen monumentalen Portikus, dessen Giebelfeld eine allegorische Figurengruppe um Apollo schmückt.

Die Nationaloper ist ohne Zweifel die beste lettische Adresse für Freunde von Oper und Ballett. Weltberühmte Künstler haben in der Nationaloper ihre Karriere begonnen, etwa der Tänzer Michail Baryschnikow oder der Dirigent Andris Nelsons.

Vor der Nationaloper steht ein sehenswerter **Brunnen** 9 (Strūklaka) mit einer hübschen Figurengruppe aus Bronze. Erschaffen wurde sie von dem aus Magdeburg zugewanderten Bildhauer August Volz (1851–1926), aus dessen Werkstatt auch ein Großteil des Figurenschmucks an Häusern der Stadt stammt.

UM DIE ECKE

Das früher im Schloss beheimatete **Lettische Nationalmuseum für Geschichte** 10 musste sich wegen eines Großbrands für unbestimmte Zeit nach einer neuen Bleibe umsehen. Nun werden in den Räumen beim Freiheitsdenkmal wenigstens ein Teil der Ausstellung aus der Geschichte Lettlands bis zur Mitte des 20. Jh. sowie wechselnde Sonderausstellungen gezeigt.

INFOS/ÖFFNUNGSZEITEN

Okkupationsmuseum 5: Übergangsquartier in der ehem. amerikanischen Botschaft, www.occupationmuseum.lv, Mai–Sept. tgl. 11–18, Okt.–April Di–So 11–17 Uhr, Eintritt frei (Spende erbeten)
Lettische Nationaloper 8: T. 67 07 37 77, www.opera.lv, Kasse Mo–Sa 10–19, So 11–19 Uhr
Lettisches Nationalmuseum für Geschichte 10: Übergangsquartier, T. 67 22 13 57, www.lnvm.lv, Di–So 10–17 Uhr, 3 €

KULINARISCHES FÜR ZWISCHENDURCH

Baguettes, Suppen oder Pasta erhalten Sie im **Index Café** 1 (Brīvības bulvāris 32, T. 67 28 77 29, www.indexcafe.lv, Mo–Do 7–20, Fr 7–21, Sa 8–21, So 8–18 Uhr). Kaffee und Kuchen empfehle ich im **Rienzi** 2 (Aspazijas bulvāris 24, T. 26 56 64 06, Mo–Fr 9–21, Sa 10–21, So 11–18 Uhr), während das **Apsara** 3 Tee im Park serviert (Barona 2a, tgl. 10–23 Uhr).

Cityplan: D/E 3/4 | **Bus** Inženieru iela

7

Eine Stadt im Bau-Rausch – **Jugendstil in Riga**

Das kleine Viertel nordöstlich des Kronvaldparks ist eines der schönsten Rigas – ein sehenswertes Jugendstilgebäude reiht sich an das andere. Auf wenigen Hundert Metern können Sie hier die ganze Vielfalt dieser Bauepoche am Übergang vom Historismus zur Moderne studieren.

Bekommen Touristen selten zu Gesicht: Die prächtigen Jugendstil-Treppenhäuser sind auch in Riga meistens nur den Bewohnern zugänglich. Dieses gehört zum Haus Elizabetes iela 10b.

Die meisten Menschen denken beim Stichwort Jugendstilarchitektur nur an Wien, Brüssel, Barcelona oder Paris. Dabei gibt es in Riga mehr als 750 Beispiele dieser Baurichtung. Dass der Jugendstil das Stadtbild dermaßen prägen konnte, war in Rigas prosperierender Wirtschaft an der Wende zum

20. Jh. begründet. Die Hansestadt an der Daugava stand in jener Zeit nach St. Petersburg und Odessa wirtschaftlich an dritter Stelle im Russischen Reich – nicht zuletzt wegen des florierenden Hafens. Mit dem Aufschwung stieg auch die Bevölkerung Rigas zwischen 1897 und 1913 sprunghaft an.

Masken, Dämonen und Tiere bevölkern die Fassade des Hauses Elizabetes iela 10b.

Riga boomt

So setzte just in den Jahren, als sich der Jugendstil europaweit enormer Popularität erfreute, in Riga ein Bauboom ein. In kürzester Zeit schossen unzählige Wohngebäude aus dem Boden. Glücklicherweise war während der Sowjetokkupation nicht genug Geld in der Stadtkasse, sonst wären wohl viele der Gebäude dem Abriss anheimgefallen und an ihrer Stelle Hochhäuser sozialistischer Machart errichtet worden. Bis Anfang der 1990er-Jahre verrotteten die dekorativ verspielten Bauten der Belle Époque. Nun werden sie nach und nach restauriert, zumindest in den bevorzugten Wohnvierteln, wo es sich finanziell lohnt. Weiter abseits vom Zentrum hingegen finden Sie viele Jugendstildenkmäler, für die vermutlich jede Rettung zu spät kommt.

Kunst im Alltag

Der Jugendstil war an der Wende zum 20. Jh. vor allem eine Gegenreaktion auf den ihm vorausgehenden Historismus, der mehr oder weniger in grotesken Schwulst ausuferte. Der neuen Richtung lag allerdings keine geschlossene Ästhetik zugrunde. Es handelte sich eher um unterschiedliche Strömungen, die sich nur in der Forderung nach der Verschmelzung von Kunst und Leben einig waren. Die Kunst sollte in die Alltagswelt im Sinne einer umfassenden künstlerischen Neugestaltung der uns umgebenden Dinge einbezogen werden. So suchte man im Jugendstil nach neuen Formen und fand sie u. a. in der Kunst außereuropäischer Kulturen wie auch in der Volkskunst.

Früher Jugendstil in der Elizabetes iela

In der Elizabetes iela stoßen Sie auf drei sehenswerte Häuser von Michail Eisenstein (1867–1921), dem Vater des großen Filmregisseurs Sergej Eisenstein (»Panzerkreuzer Potemkin«), der übrigens seine ganze Kindheit in Riga verbracht hat. Michael Eisensteins Gebäude sind

F
FILM

Der Filmemacher **Sergej Eisensten** verbrachte seine Kindheit in Riga. Eine Szene aus seinem Film »Panzerkreuzer Potemkin« scheint seiner Erinnerung entsprungen zu sein, wenn ein an der Treppe von Odessa schlafender steinerner Löwe zum Leben erwacht, Sinnbild für die Erhebung des Volkes in der Revolution von 1905.
Während der Sowjetzeit galten die Häuser rund um die Alberta iela als dekadent und wurden als Gemeinschaftswohnungen genutzt.

meist noch dem frühen, dem dekorativen Jugendstil verpflichtet, der sich anfangs kaum vom Historismus unterschied. Den Fassadenschmuck dominieren zwar bereits ornamentale und florale Motive, Masken und Fantasiegebilde, die Konstruktion der Gebäude hatte sich jedoch noch nicht großartig verändert. Das **Haus Nr. 33** 1 ist im Historismus erbaut worden und weist nur wenige Merkmale des Jugendstils auf. Dagegen lässt sich das Haus **Nr. 10b** 2 schon dem frühen Jugendstil zurechnen. An der Fassade des Hauses **Nr. 10a** 3 sind gar keine historistischen Gestaltungselemente mehr zu entdecken.

INFOS/ÖFFNUNGSZEITEN

Jugendstilmuseum 6: Alberta iela 12, www.jugendstils.riga.lv, Di–So 10–18 Uhr, 5 €

KULINARISCHES FÜR ZWISCHENDURCH

Als bestes Restaurant der Stadt gilt das **Vincents** 1 (Elizabetes 19, www.restorans.lv, ► S. 95), im **Vīna Studija** 2 können Sie mehr als nur Wein trinken (Elizabetes 10, www.vinastudija.lv). Nahe der **Alberta iela** finden Sie gute Restaurants und Cafés, exzellenten Kaffee und Kuchen serviert um die Ecke das **Sienna** 3 (Strēlnieku 3, www.sienna.lv). Wirklich gut essen können Sie im mediterranen **Riviera** 4 (Dzirnavu 31, http://rivierarestorans.lv) und danach einen Cocktail mit Aussicht auf Riga genießen in der **Star Lounge** 1 (Dzirnavu 33, www.alberthotel.lv).

SOUVENIRS

Schöne Jugendstilsouvenirs finden Sie bei **Art Nouveau Riga** 1 (Strēlnieku 9, artnouveauriga.lv, tgl. 11–18 Uhr).

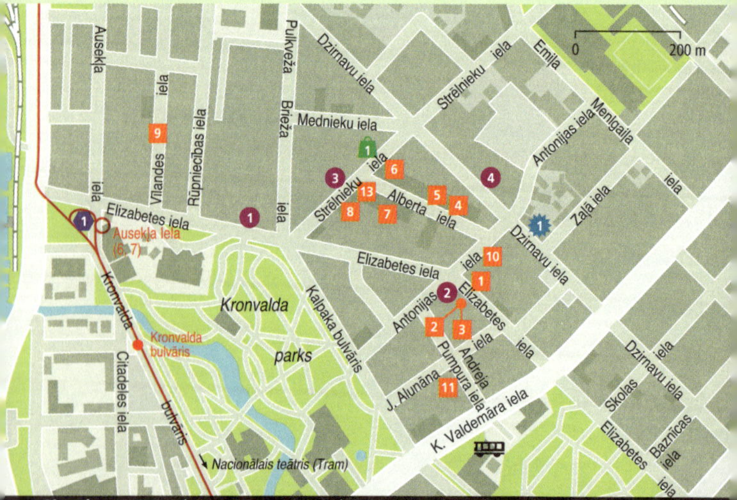

Cityplan: D/E 2/3 | Bus, **Tram** Nacionālais teātris

Eisensteins Spielwiese – Alberta iela

Der Traum einer klassischen Jugendstilstraße ist die kurze Alberta iela. Sie ist getrost zu den schönsten Straßen zu zählen, die der Jugendstil in Europa zu bieten hat. Die Häuser Nr. 2, 2a, 4, 6, 8 und 13 wurden zwischen 1903 und 1906 ebenfalls von Michail Eisenstein erbaut. Am Haus **Nr. 2a** 4 zieht die Fassade die Aufmerksamkeit auf sich, die weit über das Dach hinausragt. Den Eingang und das sehenswerte Treppenhaus bewachen zwei Sphinxe. Eines der originellsten Häuser ist die **Nr. 4** 5, deren Fassade zwei Löwen und menschliche Masken krönen. Sie stehen im Kontrast zu den Formen der Fenster: Im obersten Stock sind sie schlüssellochförmig, im unteren Stockwerk T-förmig, in der Mitte bilden sie eine riesige ovale Öffnung.

Ein Besuch beim Architekten – das Rigaer Jugendstilmuseum

Zurück in der Alberta iela interessiert das **Haus Nr. 12** 6. Es wurde 1903 von Konstantīns Pēkšēns unter Mitarbeit von Eižens Laube erbaut und ist mit stilisierten Details in der Formensprache der Renaissance und des Mittelalters geschmückt – besonders sehenswert ist das wundervoll ausgemalte Treppenhaus. Konstantīns Pēkšēns gehörte zu den ersten Architekten in Lettland, die den Bruch mit dem Historismus konsequent vollzogen. Anstelle Ornamente wie dort inflationär zu verwenden, setzte er diese bewusst reduzierter ein.

Im Grundgeschoss des Hauses hat das sehr sehenswerte **Jugendstilmuseum** seine Räumlichkeiten. Es widmet seine kleine Ausstellung vor allem dem Werk von Konstantīns Pēkšēns, der die Museumswohnung einst selbst bewohnte und die nun mit sorgsam ausgewählten Möbeln und anderen Einrichtungsgegenständen ausgestattet ist. Deutsch sprechende Museumsmitarbeiter in historischer Kleidung beantworten gerne die Fragen der Besucher.

Suche nach Abgrenzung – Nationale Romantik

Das Haus in der **Alberta iela Nr. 11** 7 (Eižens Laube, 1908) mit zwei runden Erkern verdeutlicht sehr gut das Bestreben, durch den Rückgriff

K
KUNST

Im obersten Stock des Hauses Alberta iela 13 residiert das **Zentrum zeitgenössische Kunst** 13 (Latvijas Laikmetīgās mākslas centrs), das auch für das bedeutendste Kunstfest des Landes zuständig ist. Das Survival Kit Festival findet immer im September an ungewöhnlichen Orten in Riga statt. In den Büroräumen finden ebenfalls regelmäßig kleine Ausstellungen statt. Einfach mal klingeln, ein Fahrstuhl bringt Sie nach oben (www.lcca.lv, Mo–Fr 12–18 Uhr).

Einer von zwei Drachen über dem Hauseingang des Gebäudes Antonijas iela 8

N NOCH WAS

Bilder von Janis Rozentāls und anderen Jugendstilmalern hängen im **Nationalen Kunstmuseum** (▶ S. 78). Etwas ganz anderes, nämlich ein rekonstruiertes Klosterspital aus dem Mittelalter, zeigt das **Museum für Medizingeschichte** (▶ S. 78).

auf volkstümliche Ornamentik und traditionelle ländliche Baustile einen eigenen nationalen Stil zu schaffen. Die Nationale Romantik, wie diese lettische Jugendstilvariante genannt wird, erlebte ihre Blütezeit zwischen 1905 und 1911. Besonderen Wert legten die Baumeister auf die Verwendung natürlicher Materialien, nichts durfte imitiert werden. Typische Elemente dieser Häuser sind u. a. steile Giebel, oft mit Ziegeln aus Schiefer gedeckt, mittelalterliches Fachwerk und Ecktürme sowie Bruchsteinmauerwerk in den Erdgeschosszonen der Häuser. Gleich um die Ecke wartet in der **Strēlnieku iela Nr. 4a** 8 ein weiteres prächtiges Jugendstilgebäude von Michail Eisenstein. Das 1905 gebaute Haus besticht vor allem durch seine exzessive Fassadengestaltung. Es beheimatet die Rigaer Wirtschaftshochschule.

Abseits der Touristenpfade

Eher unbekannt bei Touristen ist die **Vilandes iela** 9, obwohl auch hier der Jugendstil seine Spuren hinterlassen hat. Einige der schönsten Häuser der Straße, z. B. Nr. 1, 2 und 11, stammen aus der Feder des Architekten Rudolf Zirkwitz, eines Vertreters des Eklektizismus und des frühen Jugendstils. Die Gebäude Nr. 8, 10, 12, 14 und 16 entwarf wiederum Konstantīns Pēkšēns.

Das Eingangsportal des Hauses **Antonijas iela Nr. 8** 10 von 1903 fällt ins Auge. Es wird von stilisierten Drachenfiguren bewacht. Ein weiteres gutes Beispiel für den nationalromantischen Jugendstil ist das Haus in der **Alunāna iela Nr. 5** 11 (Ecke Pumpura iela). 1906 erbaut, sind hier viele typische Elemente der lettischen Volksbaukunst und Ornamentik zu entdecken.

UM DIE ECKE

Von Anfang Mai bis Ende September verkehrt an Wochenenden die **Retro-Straßenbahn** 1 (Retro tramvajs). Ihre Fahrt beginnt in der Ausekļa iela und endet in Mežaparks (▶ S. 85). Die ersten elektrischen Straßenbahnen in Riga lösten ab 1901 die traditionellen Pferdebahnen ab. Die Retro-Straßenbahn stammt von 1909/10 und wurde 1982 originalgetreu rekonstruiert (www.rigassatiksme.lv, einfaches Ticket 2 €).

Hotspots in der Neustadt

#8

Im Gegensatz zur verwinkelten Altstadt wird die Neustadt von schnurgeraden Boulevards mit prächtigen Jugendstilhäusern geprägt. Ausgefallene Geschäfte, Cafés, Restaurants oder Museen machen den Charme dieser Gegend aus.

Die Neustadt (Centrs) ist mit ihren zahlreichen Jugendstilbauten nicht weniger reizvoll als die Altstadt. Hier spielt sich das tägliche Leben der Rigaer ab, mehr als in der touristischen Altstadt, hierher kommen sie zum Einkaufen und Vergnügen. Gerade in der Neustadt siedeln sich immer mehr Geschäfte an: kleine Cafés, Shops, Galerien und Buchläden, die vor allem in der jungen und kreativen Szene großen Anklang finden.

Die Neustadt ist zu groß, um sie zu Fuß an allen Ecken und Enden zu durchforsten. Ich empfehle Ihnen, sich bestimmte Straßen oder Ecken herauszupicken und sich dort in Ruhe umschauen. Vielleicht nehmen Sie einen Bus oder die Tram. Die Tram 11 etwa fährt vom **Wöhrmannschen Garten**

In das KGB-Haus kam man seinerzeit schnell, zum Beispiel, wenn man denunziert wurde. Im Hauseingang gab es sogar einen Briefkasten, in den Denunzianten anonym Hinweise einwerfen konnten.

(▶ S. 84) ein langes Stück auf der Krišjāna Barona iela, bevor sie dann über die Matisa iela auf die Miera iela gelangt (▶ S. 55). Auf der Brīvības und der Krišjāna Valdemāra iela fahren minütlich Busse.

Neustadt von oben

Auf dem Weg in die Neustadt kommen Sie vermutlich an Rigas größter russisch-orthodoxer Kirche vorbei, der **Christi-Geburt-Kathedrale** 1 (Kristus dzimšanas katedrāle). Das von vier kleinen und einer großen Kuppel gekrönte Gotteshaus wurde 1884 nach einem Entwurf von Robert Pflug im neobyzantinischen Stil errichtet. Zynischerweise brachte man hier während der

INFOS/ÖFFNUNGSZEITEN

Ausstellung »Juden in Lettland« 3: www.jewishmuseum.lv, So–Do 11–17 Uhr, Eintritt frei (Spende erbeten)

Ehemaliges KGB-Haus 5: www.okupacijasmuzejs.lv/en/news/explore-corner-house, Mai–Sept. Mo/Di 10–17.30, Mi 12–19, Do/Fr 10–17.30, Sa/So 10–16 Uhr, Okt.–April Di geschl., Karten für Führungen in Englisch: www.bilesuserviss.lv (Suchwort ›Stura maja‹ oder ›KGB‹), Ausstellung: Eintritt frei, Führung: Eintritt 5 €

Kulturzentrum Kaņepe 1: www.kanepes.lv, Mo–Mi 12–2, Do–Sa 12–4, So 12–1 Uhr

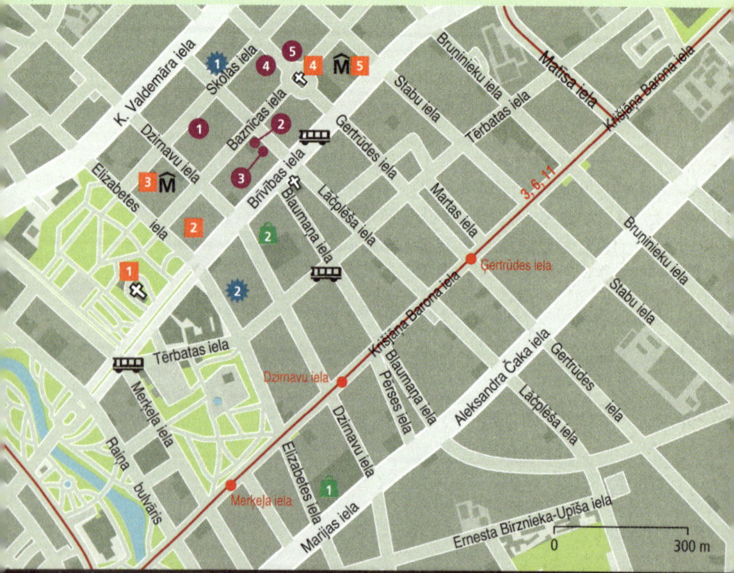

Cityplan: E/F 2–4 | **Tram** Dzirnavu iela, **Bus/Trolleybus** Tērbatas iela

Sowjetzeit das Haus des Wissens mit Planetarium und einem Café unter, das ausgerechnet ›Gottes Ohr‹ hieß. Frauen sollten beim Betreten der Kirche eine Kopfbedeckung tragen.

Vielleicht gehen Sie danach zum **Radisson Hotel Latvia** 2 und fahren mit dem Fahrstuhl in den 26. Stock, um in der **Skyline Bar** (▶ S. 107) oder nur auf dem Weg dorthin eine phänomenale Aussicht auf die gesamte Stadt zu erleben.

Die goldenen Kuppeln der russisch-orthodoxen Christi-Geburt-Kathedrale erstrahlen wieder in neuem Glanz.

Kultur der Skolas iela

Die **Jüdische Gemeinde** hat in ihren Räumlichkeiten an der Kreuzung von Skolas und Baznīcas iela die **Ausstellung »Juden in Lettland«** 3 eingerichtet, die nicht nur über das vielfältige jüdische Leben seit dem 18. Jh. informiert, sondern auch von den Leiden der lettischen Juden während der deutschen Okkupation zwischen 1941 und 1944, als über 90% von ihnen brutal ermordet wurden. Darüber hinaus gibt die Ausstellung auch einen Überblick über das neu erwachende jüdische Leben seit der Unabhängigkeit Lettlands.

Ein Stück weiter stadtauswärts lockt, leicht zu übersehen, weil in einem Souterrain, das kleine Restaurant **Raw Garden** 1 mit seinen Speisen. Es war das erste und lange einzige vegane Restaurant in Riga. Vielleicht stärken Sie sich dort mit einem frisch gepressten Saft oder Smoothie (Skolas 12, T. 7 78 04 89, www.rawgarden.lv).

Das **Kulturzentrum Kaņepe** 1 an der nächsten Straßenkreuzung ist in seiner Form auch einzigartig in Riga. In dem lange Zeit leer stehenden Holzhaus finden völlig unterschiedliche Konzerte statt, sei es Jazz oder der Auftritt eines bekannten DJs. Mehrmals wöchentlich werden im hauseigenen Mini-Kino unbekannte Filme gezeigt. Und selbst wenn Sie nichts von alledem mögen, haben Sie vielleicht Lust auf einen Drink im großen Innenhof, der mittlerweile zu einem der beliebtesten Treffpunkte der Rigaer Künstlerszene geworden ist.

Rund um die Gertrudenkirche

Etwas weiter laden auf der Lāčplēša iela ein Café und ein Restaurant zum Verweilen ein: Vegetarisch speisen Sie im gemütlichen Restaurant **Fazenda** 2 (Baznīcas 14, T. 67 24 08 09, www.fazenda.lv). Das Herz von **MiiT** 3 (Lāčplēša 10, T. 28 89 13 51, www.miit.lv), einem hippen Café im Fahr-

S SPLENDID

Das Kino **Splendid Palace** 2, das sich auf der Elizabetes iela zwischen der Brīvības und Tērbatas iela leicht nach hinten versetzt dem flüchtigen Blick entzieht, ist das erste und immer noch schönste Lichtspielhaus Rigas. 1923 nach einem Entwurf von Frīdrihs Skujiņš erbaut, fällt zuerst die prachtvolle Rokokofassade ins Auge. Auch der Kinosaal ist mit seinen Deckenmalereien eine Augenweide. Es laufen nicht nur lettischsprachige, sondern häufig auch englischsprachige Filme mit lettischen Untertiteln.
www.splendidpalace.lv

rad-Design, schlägt in seiner Fahrradwerkstatt im Souterrain. Bald wollen die Betreiber ihre eigenen Drahtesel produzieren. Aber an den Wochenenden mutiert das Café manchmal zu einem Musikclub.

Über die Baznīcas iela gelangen Sie dann zur neogotischen **Gertrudenkirche** 4 (Ģertrūdes baznīca). Der dreischiffige Bau wurde im Jahr 1864 aus rotem Backstein errichtet. Sehr einladend ist hier vor allem das Bistro **StockPot** 4 (Ģertrūdes 6, T. 27 83 21 65, www.stockpot.lv), das ebenfalls vegetarische Speisen anbietet. Zu einem feinen Nachtisch kommen Sie auf alle Fälle im **Muffins and more** 5 (Ģertrūdes 9, T. 67 28 00 28 www.muffinsandmore.eu).

E
EISLAUF

Sollten Sie im Winter nach Riga kommen, haben Sie die einmalige Möglichkeit, auf dem Dach des Einkaufszentrums **Galleria Riga** 2 (► S. 103) Schlittschuh zu fahren – bei einer wundervollen Aussicht über die Dächer der Neustadt. Im Sommer wird die Dachterrasse (Terrace Riga) von Cafés, Bars und Restaurants genutzt.

Das ehemalige KGB-Haus

Ein absolutes Highlight eines Riga-Besuchs ist der Besuch des **ehemaligen KGB-Hauses** 5, das nun für Besucher geöffnet ist. Das Gebäude, von den Rigaern gerne auch ›Eckhaus‹ (Stūra māja) genannt, weil es an der Ecke Stabu iela und Brīvības iela steht, wurde erstmals 1940 von den Tschekisten, den Angehörigen des sowjetischen Geheimdienstes, genutzt. Hier wurden politische Gefangene verhört, gefoltert und erschossen oder die Massendeportationen nach Sibirien geplant. Eine Ausstellung informiert über die Grausamkeiten des KGB in Lettland. Eine Führung durch den Keller und die unverändert gebliebenen Zellen vermittelt einen unmittelbaren Eindruck von den menschenverachtenden Handlungen, die hier geschehen sind.

UM DIE ECKE

Nicht weit vom Hauptbahnhof finden Sie die vermutlich elegantesten Einkaufspassagen Rigas: In den restaurierten Gebäuden des **Berga bazārs** 1 (www.bergabazars.lv) gibt es neben Souvenirshops hervorragende Cafés und Restaurants. In den Passagen wird in den Sommermonaten samstags 9–16 Uhr ein **Kunsthandwerkermarkt** veranstaltet, auf dem lettisches Kunsthandwerk, gebrauchte Gegenstände aller Art, wie alte Bestecke, Bücher, Platten, Kleidung, Schmuck und andere Antiquitäten feilgeboten werden. Zugleich gibt es auf eine **Bauernmarkt** Delikatessen von lettischen Bauernhöfen, die meistens aus biologischem Anbau stammen.

›Freie Republik Miera iela‹

#9

Viele Jahre wurde die Miera iela als einer der dunklen Flecken von Riga gemieden – bis sich hier junge Kreative ansiedelten und originelle Cafés, Werkstätten und Galerien eröffneten. Seitdem ist nichts mehr, wie es einmal war.

Verfallene Häuserfassaden, kaputtes Straßenpflaster, dunkle Beleuchtung – äußerlich hat sich in der Miera iela bislang nicht viel verändert, seitdem die Kreativen hergezogen sind. Doch die Bewoh-

Die Sommerfeste des Clubs Piens erfreuen sich überaus großer Beliebtheit.

ner merken es an den Mieten, denn die ziehen in dieser Gegend kräftig an. Und so ist es auch kein Wunder, dass einige, die vor einiger Zeit in dieser Straße ihr Geschäft eröffneten, schon wieder fort sind, wie beispielsweise Buteljons, eine Initiative, die aus Altglas neue Produkte herstellen wollte.

F
FRIEDEN

Die Miera iela (›Friedensstraße‹) hat ihren hoffnungsfrohen Namen nicht ohne Grund: Hier steht die **Rigaer Geburtsklinik** (Rīgas Dzemdību nams). Die Straße führt aber auch zu den großen Friedhöfen der Stadt.

Freie Republik

Dabei hatte es so vielversprechend angefangen, als sich die Künstler und Entrepreneure zu einer Kooperative zusammenschlossen, die sie scherzhaft ›Freie Republik Miera iela‹ nannten. Einige blieben, andere kamen hinzu. Nichtsdestotrotz muss aber gesagt werden, dass die Miera iela in keiner Weise mit anderen ›Hipster-Bezirken‹ in Berlin, London oder Paris zu vergleichen ist. Es sind letztendlich nur ein paar wenige Läden, die den Unterschied zu anderen Straßen in Riga ausmachen.

Einfach durch die Straße schlendern

Gleich zu Beginn lockt auf der linken Seite das gemütliche Café **Mierā** 1 (Miera 9, ► S. 91). Probieren Sie mal den lettischen Wein aus Schwarzen Apfelbeeren, Schwarzen Johannisbeeren oder aus Birkensaft. Gegenüber werden Sie im Sommer vermutlich junge Leute auf Sofas auf dem Gehweg sit-

INFOS/ÖFFNUNGSZEITEN

Laima 1: www.laima.lv, www.laimasokoladesmuzejs.lv, Café: Mo–Fr 8–23, Sa/So 9–23 Uhr, Schokoladenmuseum: Di–So 10–19 Uhr, Eintritt 7 €, Führung nur n. V.

Neues Rigaer Theater 2: in der Tabakfabrik, www.jrt.lv, Kartenververkauf unter T. 67 28 07 65, Mo–Sa 10–19, So 12–19 Uhr

KULINARISCHES FÜR ZWISCHENDURCH

Rocket Bean Roastery 4 in der Miera iela 29/31 ist ein hippes Café-Bistro mit eigener Kaffeerösterei (T. 20 21 51 20, www.rocketbean.lv/en/coffee-house/, Mo 8–21, Di–Do 8–22, Fr 8–23, Sa 9–23, So 9–18 Uhr).

Cityplan: F/G 1/2 | **Tram** Brīvības iela

zen sehen. Die gehören zum **Taka** ✱ (▶ S. 105), in dem auch kleine Konzerte stattfinden.

Ein paar Schritte weiter hat das **DAD Café** 2 (Miera 17, ▶) seine Räume. Es ist eher kühl eingerichtet und wegen seiner Ausstellung lokaler Künstler interessant. Die Inhaberin gehört zu den Gründern der ›Freien Republik Miera iela‹. Ihre Tochter verkauft nebenan im **M50** 1 (Miera 17, ▶ S. 102) Kunsthandwerk und Kleidung im lettischen Design. Und dahinter lädt der Teeladen **Illuseum** 3 (Miera 19, ▶ S. 92) zum Verweilen ein. Gehen Sie in den gemütlichen hinteren Raum und probieren Sie einfach mal den Tee vom Schmalblättrigen Weidenröschen (Ugunspuķe).

Schokoladenglück pur

Über der gesamten Miera iela schwebt meisten ein süßer Geruch von Schokolade, denn hier steht die Fabrik von **Laima** 1, des größten Schokoladenherstellers des Baltikums. Ein schicker Shop mit Café im renovierten Hauptgebäude des Unternehmens lädt zum Probieren ein, direkt daneben gibt es ein Schokoladenmuseum mit einer Multimedia-Ausstellung. Laima ist übrigens der Name der lettischen Schicksalsgöttin und bedeutet ›Glück‹.

Die 1924 vom Schokoladenfabrikanten Laima nahe der Freiheitsstatue aufgestellte Uhr ist ein beliebter und vielbesungener Treffpunkt.

Tabakfabik

Ein Stück weiter stoßen Sie auf einen ganz neuen Hotspot von Riga: Die ehemalige **Tabakfabrik** 2, in der Ausstellungen zeitgenössischer Kunst, Festivals und Konzerte veranstaltet werden, ist auch, zumindest vorübergehend, Spielstätte des **Neuen Rigaer Theaters** (Jaunais Rīgas teatris), dessen Hauptgebäude in der Neustadt gerade generalsaniert wird. Das Theater findet ebenso wie sein Leiter Alvis Hermanis international große Beachtung. In Riga sind die Vorstellungen zumeist auf mehrere Wochen ausverkauft. Mit Glück lässt sich aber trotzdem manchmal eine Karte ergattern.

UM DIE ECKE

Nicht weit von der Miera iela locken in der **Valdemara-Passage** ✱ (Valdemāra passāža) angesagte Locations des Rigaer Nachtlebens, allen voran der Club **Piens** (▶ S. 108), der tagsüber gute Speisen anbietet. Hervorragendes lettisches Bier bekommen Sie im **Labietis** (▶ S. 105) und im **Valmiermuiža** (▶ S. 105).

\# 10

Im ›Bauch von Riga‹ – **der Zentralmarkt**

Erleben Sie quirliges Treiben und geschäftiges Handeln von seiner ursprünglichsten Seite und tauchen Sie ein in das Marktleben hinterm Hauptbahnhof. In den fünf Hallen des Zentralmarktes bekommt man neben Fisch, Fleisch, Gemüse und Obst fast alles, was man für das tägliche Leben braucht.

Der ›Bauch von Riga‹ ist das eigentliche Herzstück der Stadt. Hier laufen alle Fäden zusammen, fast jeder Rigaer kommt mehr oder weniger regelmäßig zum Zentralmarkt. Die Waren sind zwar nicht immer günstiger, dafür aber meist frischer als anderswo. Gesichter, verschiedene Sprachen und Gerüche verschmelzen auf dem 72 000 m² großen Marktgelände und machen den Streifzug über den Markt zu einem Fest für die Sinne.

Gebaut aus zwei ehemaligen Luftschiffhangars: der Rigaer Zentralmarkt

Ehemalige Zeppelinhangars

Die fünf Markthallen aus den 1920er-Jahren haben eine ganz besondere Vorgeschichte. Ursprünglich wollten die Bauherren zwei Zeppelinhangars vom Luftschiffhafen Wainoden (Vaiņode), der nach dem Ersten Weltkrieg an Lettland gefallen war, in Riga wieder aufbauen. Später entschloss man sich jedoch aus hygienischen Gründen für eine Konstruktion aus Ziegeln und Stahlbeton und übernahm Teile der Hangars nur für das Dach. Nach der Eröffnung 1930 boten die 35 m hohen Glas-Metall-Konstruktionen Raum für den größten und modernsten Markt in Europa, noch heute ist er der größte im Baltikum.

Neunaugen, geräucherte Scholle und roter Kaviar

Die **Fischhalle** 1 (Zivju paviljons) ist wegen ihres überwältigenden Angebots besonders interessant: Lachs, Scholle, Forelle, Karpfen, Hering sind hier eine Selbstverständlichkeit. Als besondere lettische Spezialität gelten die Neunaugen (neņģis), fischähnliche Meerestiere, deren Fleisch weiß, fein und mit dem des Aals vergleichbar ist. Ebenfalls typisch lettisch sind alle Arten von geräuchertem Fisch, den man allenthalben in den Auslagen findet. Geschmacklich ist der Räucherfisch sehr viel besser, als sein gewöhnungsbedürftiges Aussehen vermuten lässt. Auch nicht entgehen lassen sollten Sie sich eine Portion roten Kaviars, also Lachseier, der in Verbindung mit frischem Weißbrot und Butter ganz hervorragend schmeckt.

A AUGEN AUF!

Trotz aller Begeisterung und Neugierde sollten Sie nicht vergessen, dass es hier wie auf fast allen Märkten weltweit auch Menschen gibt, die sich gerne unbemerkt und ungefragt des Eigentums anderer Menschen annehmen. Also, aufgepasst auf Portemonnaie, Rucksack und Handtasche!

INFOS/ÖFFNUNGSZEITEN

Zentralmarkt: www.rct.lv, Außenbereich tgl. 7–18, Hallen tgl. 8–17 Uhr:

Fischhalle (Zivju paviljons) 1
Obst- und Gemüsehalle (Saknu paviljons) 2
Halle für Gastronomie (Gastronomijas paviljons) 3
Milchhalle (Piena paviljons) 4
Fleischhalle (Gaļas paviljons) 5
Stockmann 6: 13. Janvāra iela 8, stockmann.lv, Mo–Sa 9–22, So 10–21 Uhr

Cityplan: E 4/5 | **Tram** Centrāltirgus

Sauerkraut, Schwarzbrot und Kümmelkäse

Von der Fischhalle geht es weiter in die **Obst- und Gemüsehalle** 2 (Saknu paviljons), wo neben diversen Beerensorten vor allem das immense Angebot an Sauerkraut und eingelegten Gurken ins Auge fällt. Der Name **Halle für Gastronomie** 3 (Gastronomijas paviljons) klingt ein wenig zu vielversprechend, ›Brot- und Gebäckhalle‹ wäre vielleicht passender. Enttäuscht werden Sie aber nicht sein, denn solch eine Auswahl an schwarzem Brot und Honig aus lokaler Produktion finden Sie in Lettland wahrscheinlich nirgendwo sonst.

In der **Milchhalle** 4 (Piena paviljons) gibt es u.a. auch milden einheimischen Käse, dessen Sortenvielfalt traditionsgemäß eher beschränkt ist. Probieren sollten Sie den typisch lettischen Kümmelkäse (Ķimeņu siers). Die **Fleischhalle** 5 (Gaļas paviljons) ist die größte bzw. längste der fünf Hallen und steht quer zu den anderen. Die Auswahl beschränkt sich auf die üblichen Fleischsorten von Tieren aus Mastbetrieben.

Nicht nur Walderdbeeren, die mühevoll in den lettischen Wäldern gesammelt wurden, sondern auch eine Vielzahl anderer Beerenarten finden Sie auf dem Zentralmarkt.

Rauer Alltag

Auch die Fläche vor den Hallen wird zum Verkauf genutzt. Hier werden auch Blumen, Kleidung, Schuhe, technische Geräte, Haushaltsgegenstände, CDs, DVDs und Bücher feilgeboten. An beinahe jeder freien Ecke stehen meist ältere Frauen, die sich zu ihrer niedrigen Pension etwas dazuverdienen müssen. Selbstgestricktes, Plastiktüten oder sonstige Gegenstände hoffen sie, gewinnbringend verkaufen zu können. Hier draußen ist die Welt etwas freudloser als in den Hallen. Hier spürt man sehr deutlich die Not vieler Menschen, die jeden Cent benötigen, um nur einigermaßen über die Runden zu kommen.

UM DIE ECKE

Wenn Sie nach dem Bummel über den quirligen Markt Sehnsucht nach einem modernen Einkaufszentrum verspüren, erfüllt sich dieser Wunsch auf der anderen Seite der Bahngleise im **Stockmann** 6. Der Department Store wartet mit einer der besten Lebensmittelabteilungen der Stadt auf (www.stockmann.lv, Mo–Sa 9–22, So 10–21 Uhr).

Kultur im Problemviertel – **Speicherhäuser und Moskauer Vorstadt**

11

Die Moskauer Vorstadt mit ihren verfallenen Holzhäusern und Plattenbauten gilt schon lange als eines der Problemviertel von Riga. Für Touristen ist sie dennoch interessant, besonders wegen der restaurierten Speicherhäuser hinterm Zentralmarkt.

Zwischen der Maskavas iela, der Turgeņeva und der Krasta iela, direkt hinter dem Zentralmarkt, stehen ein gutes Dutzend zweistöckiger Backsteingebäude aus den 1870er-Jahren. Obwohl seinerzeit von namhaften Architekten konzipiert und seit 1996 sogar Teil des UNESCO-Welterbes,

Neues Leben in alten Gemäuern: restaurierte Speicherhäuser in der Moskauer Vorstadt

Cityplan: E–G 4/5 | **Tram** Maskavas iela

INFOS/ÖFFNUNGSZEITEN

Speicherkomplex (Spīķeri): www.spikeri.lv
kim? 1: www.kim.lv, Di–Fr 14–19, Sa/So 12–18 Uhr, Eintritt 3 €
Dirty Deal teatro 2: T. 67 70 43 44, www.dirtydeal.lv, Öffnungszeiten je nach Veranstaltung, meist nur abends
New Media Culture Center RIXC 3: http://renewable.rixc.lv
Spīķeru koncertzāle 4: www.spikeru koncertzale, www.sinfoniettariga.lv
Rigaer Ghetto-Museum 5: www.rgm.lv, tgl. 10–18 Uhr, Eintritt frei (Spende erbeten). Der Zugang zum Museum befindet sich an der Krasta iela.
Akademie der Wissenschaften 8: T. 26 49 12 37, Mai–Sept. tgl. 9 Uhr bis zum Einbruch der Dunkelheit, 4 €
Jesuskirche 9: www.kirche.lv, deutschsprachiger Gottesdienst jeden ersten Sonntag im Monat um 13 Uhr
Latgale-Markt 1: Firsa Sadovņikova iela 9a, tgl. 8–16 Uhr

KULINARISCHES FÜR ZWISCHENDURCH

Im Gebäude von kim? ist das **Café Dali** ❶ untergebracht. Der Kaffee ist ausgesucht, Namensgeber Salvador Dalí zeigt sich im surrealistisch zerfließenden Interieur (Maskavas 12 k-1, T. 28 33 33 56, cafedali.eu, Do/Fr 10–20, Sa 11–20, So 11–18 Uhr). Das Restaurant **Desa & Co** ❷ ist auf Hirsch- und Wildschwein-Gerichte spezialisiert. Wildfleisch können Sie sich auch an der Theke zum Mitnehmen kaufen (Maskavas 4, T. 67 21 61 86, www.zemitani.lv, Mo–Sa 9–18, So 9–16 Uhr).

wussten die Stadtväter lange Zeit nicht so recht, was sie mit ihnen anfangen sollten. Der Abriss schien vorprogrammiert, bis sich endlich ein Investor fand, der die Vision hatte, hier die Energien der freien Kunst- und Kulturszene zu bündeln. Doch so ganz ging der Plan bisher nicht auf. Noch immer stehen einige Räume leer.

Neue Formen

In einem der restaurierten Speicherhäuser residiert die wichtige Kunstlocation **kim?** **1**. Hinter dem Kurznamen verstecken sich die Fragen »Kas ir māksla? Kas ir muzejs?« (Was ist Kunst? Was ist Museum?), Fragen, die die Museumsmacher sich selbst und ihren Besucher stellen. In den kleinen Galerieräumen finden wöchentlich wechselnde Ausstellungen junger einheimischer Künstler statt. Dazu gibt es regelmäßig Vortrags- und Diskussionsveranstaltungen, Kunstperformances, Musikevents sowie Video- und Filmvorführungen.

Im **Dirty Deal teatro** **2** dürfen sich junge, engagierte Regisseure und Schauspieler ausprobieren. Für seine Bühnenexperimente hat das Theater schon manchen Preis eingeheimst. Es veranstaltet auch Filmvorführungen im hauseigenen Cine Club.

Eine große Ausstellung mit dem Titel »Fields« hatte das **New Media Culture Center RIXC** **3** im Ausstellungssaal Arsenāls im Rahmen des Kulturhauptstadtprogramms 2014. In einem der Speicherhäuser hat die Gruppe ihr Büro, wo sie neue, meist internationale Projekte plant.

Klein, aber fein

Erst seit 2006 besteht das großzügig vom lettischen Staat geförderte Kammerorchester Sinfonietta Riga. In dieser relativ kurzen Zeitspanne konnte es sich bereits einen sehr guten Ruf erarbeiten. Das besondere Ambiente des schmucken orchestereigenen **Spīķeru koncertzāle** **4** in einem der renovierten Speicherhäuser tut sein Übriges, um in der Gunst beim Publikum ganz oben zu stehen. In dem kleinen Saal mit seinen freigelegten Fachwerkbalken sitzen die 34 Musiker – Durchschnittsalter unter 30! – beinahe auf dem Schoß der Zuhörer. Da das Orchester immer häufiger auf Tournee ist, wird der Saal mittlerweile auch für viele andere Musikveranstaltungen genutzt.

»Niemand soll vergessen werden!« – Fotos halten im Ghetto- und Holocaust-Museum die Erinnerung an die Opfer der Nazi-Herrschaft lebendig.

Endlich Erinnerung

Das **Rigaer Ghetto-Museum** **5** (Rīgas geto un Latvijas Holokausta muzejs) erinnert mit seiner Ausstellung an die Verbrechen der Nazis und die Schicksale der über 70 000 ermordeten lettischen und annähernd 20 000 nach Riga deportierten Juden. Obwohl bisher nur der erste Bauabschnitt des Museums abgeschlossen ist, legen die ersten Exponate ein eindrucksvolles Zeugnis ab von der Not der lettischen und anderen europäischen Juden während des Holocaust.

Moskauer Vorstadt

Die Moskauer Vorstadt (Maskavas forštate), deren Hauptstraße Maskavas iela gewissermaßen direkt nach Moskau führt, wurde früher fast ausschließlich von Russen und Juden bewohnt und ist immer noch von einem besonderen Charme. Es sind hier etliche Holzhäuser aus dem 19. Jh. zu entdecken, die sich allerdings meist in einem bedauerlichen Zustand befinden, denn die Arbeitslosigkeit im Viertel ist hoch. Um ins **Zentrum** der **Moskauer Vorstadt** 6 zu gelangen, fahren Sie am besten von den Speicherhäusern mit der Tram bis zur Mazā kalna iela oder noch weiter.

Im Bereich der Ludzas iela befand sich zwischen 1941 und 1943 das **Rigaer Ghetto** 7. Die deutschen Besatzer sperrten hier gleich nach ihrem Einmarsch mindestens 30 000 Juden aus Riga und Umgebung ein, von denen etwa 26 000 noch im selben Jahr in den Wäldern außerhalb der Stadt erschossen wurden. Anschließend wurden im Ghetto Zehntausende Juden aus dem deutschen Reichsgebiet interniert – fast niemand überlebte. Nichts erinnert mehr an diese grausamen Ereignisse. Immerhin informiert seit ein paar Jahren das Rigaer Ghetto-Museum über die leidvollen Ereignisse (► S. 63).

K KONZERTE

Über 40 Jahre lang war der **Konzertsaal** im Erdgeschoss der **Akademie der Wissenschaften** wegen der Folgen eines Brandes 1972 geschlossen. Dann fand sich ein Investor, der den Saal renovieren ließ. Seit 2014 hat Riga einen weiteren Konzertsaal, der bis zu 800 Zuschauern fasst und neben Konzerten auch Theaterveranstaltungen für Kinder und Jugendliche ein Forum bietet.
koncertzaleriga.lv

Stalins Handschrift

Nur ein paar Schritte vom Zentralmarkt entfernt markiert die **Akademie der Wissenschaften** 8 (Zinātnu Akadēmija) den Anfang der Moskauer Vorstadt. Das auffallende Hochhaus wurde 1958 ganz nach dem Geschmack Stalins erbaut und heißt im Volksmund ›Stalins Geburtstagstorte‹. Ursprünglich als Haus für die Kolchosebauern geplant, wurde es nach Fertigstellung der Akademie der Wissenschaften übergeben. Die sich mit jedem Stockwerk verjüngende Dachkonstruktion sollte wohl verhindern, dass das Gebäude gezielt aus der Luft bombardiert werden konnte.

Akademie der Wissenschaften

Von der 65 m hohen Aussichtsplattform bietet sich ein schöner Ausblick in alle Richtungen, insbesondere auf die Altstadt, die Daugava und die Moskauer Vorstadt. Der Fahrstuhl bringt Sie nach oben, allerdings nicht ganz – einige Treppen müssen Sie noch zu Fuß überwinden.

Jesuskirche

Auf dem Weg zum Denkmal Große Choralsynagoge kommt man an der **Jesuskirche** 9 (Jēzus baznīca) vorbei, die als Holzkirche in den Jahren 1819–22 errichtet wurde. Der klassizistische Zentralbau in der Mitte eines achteckigen Platzes gilt als die größte Holzkirche Lettlands. An jedem ersten Sonntag findet dort ein deutschsprachiger Gottesdienst statt.

Denkmal Große Choralsynagoge

Von der 1871 erbauten **Großen Choral-Synagoge** 10, der größten von ehemals sieben Synagogen in Riga, sind heute nur noch ein rekonstruiertes Fundament und einige Mauerreste zu sehen. Am 4. Juli 1941, kurz nach Beginn der deutschen Okkupation, wurden in ihr mindestens 300 Juden eingeschlossen, das Gotteshaus von lettischen Kollaborateuren der Nazis (Kommando Victors Arājs) mit Benzin übergossen, angezündet und niedergebrannt. In die große, schräg stehende Betonmauer sind die Namen von 270 Menschen eingraviert, denen über 400 lettische Juden ihr Überleben zu verdanken haben. Der bekannteste unter ihnen ist Žānis Lipke, ein Hafenarbeiter, der über 50 Juden das Leben rettete. Ein Gedenkmuseum auf der Flussinsel Ķīpsala erinnert an sein Leben (► S. 67).

UM DIE ECKE

Wo heute ein schick renovierter Platz den Raum zwischen den Speicherhäusern füllt, verkauften bis vor einiger Zeit auf dem durchgehend geöffneten Nachtmarkt noch Bauern ihre Ernte. Von hier gelangen Sie durch eine Unterführung zur **neuen Uferpromenade** 11, von der aus Sie bis in die Altstadt spazieren könnten, wäre der Straßenverkehr nicht so laut. Der Ausblick auf die Daugava und das gegenüberliegende Ufer lohnt sich aber allemal.

M MARKT

Auf dem **Latgale-Markt** (Latgalīte) finden Sie so ziemlich alles – außer Lebensmittel. Dafür aber unzählige gebrauchte Geräte, deren Herkunft nicht immer klar ist. Klar ist aber, dass durchaus auch Hehlerware dabei sein könnte. Wer die Augen offen hält, kann aber durchaus ein Schnäppchen machen und etwas Originelles finden.

S SPEICHER LEBEN

Regelmäßig finden auf dem Spikeri-Gelände Veranstaltungen statt, ganz besonders häufig in den Sommermonaten: Flohmärkte, Konzerte, Poetry-Slams und Open-air-Kino. Im Winter lockt eine Eislaufbahn.
www.spikeri.lv/en/notikumi/

12

Hafenblick und Pflasterstraßen – **Spaziergang auf Ķīpsala**

Raus aus der überfüllten Altstadt nach Ķīpsala, wo mit Kopfstein gepflasterte Straßen an sorgsam restaurierten Holzhäusern entlangführen. Der Blick über die Daugava reicht von hier bis zum Hafen, schicke Restaurants verführen zur Einkehr.

Essen mit schönen Aussichten im Haupthaus des Fabrikas restorans oder unten auf der Düna: neben dem guten Essen kann man den freien Blick auf die Fährschiffe nach Schweden und Deutschland genießen und sich freuen: ich muss heute noch nicht wieder abreisen.

Der kurze Weg über die Vanšu-Brücke genügt, und Sie befinden sich in einer anderen Welt: Die kleine Insel Ķīpsala am linken Flussufer vermittelt das Gefühl, weit weg zu sein von dem Trubel in Riga. Allerdings hat Ķīpsala zwei Gesichter: Im westlichen Teil gleicht sie nämlich mehr oder weniger jedem anderen Ort außerhalb des Stadtkerns.

Hafenblick und Kreuzfahrtschiffe

Dagegen ist ein Spaziergang auf dem Balasta dambis wunderschön. Während des gesamten Wegs auf der mit Kopfsteinen gepflasterten und kaum befahrenen Straße blicken Sie über den Fluss auf den Hafen. Dort liegen gigantische Kreuzfahrtschiffe vor Anker, etliche Kräne verrichten ihre die Arbeit, gedämpft klingen die Geräusche übers Wasser, die dabei entstehen. An einigen Stellen öffnet sich das eindrucksvolle Panorama der Altstadt mit den Türmen des Schlosses, des Doms, der Jakobskathedrale und der Petrikirche.

Tradition trifft auf Moderne: Während man am Balasta dambis versucht, historische Holzhäuser zu retten, kratzen an der Krišjāņa Valdemāra iela Bürotürme den Himmel.

Fünfzigfacher Lebensretter

Bevor der Spaziergang so richtig losgeht (oder eben auf dem Rückweg), empfehle ich den Besuch eines der neuesten und sehenswertesten Museen Rigas. Die **Žanis-Lipke-Gedenkstätte** 1 (Žaņa Lipkes memoriāls) wurde von Zaiga Gaile entworfen, einer der bekanntesten Architektinnen Lettlands, die sich auf das Renovieren alter Bausubstanz spezialisiert hat, insbesondere das Rekonstruieren und Restaurieren von historischen Holzhäusern. Die eindrucksvolle Multi-

INFOS/ÖFFNUNGSZEITEN

Žanis-Lipke-Gedenkstätte: www.lipke.lv, Di/Mi, Fr/Sa 12–18, Do 12–20 Uhr, Eintritt frei (Spende erbeten)

KULINARISCHES FÜR ZWISCHENDURCH

In einem aufwendig sanierten ehemaligen Fabrikgebäude lädt das schicke **Fabrikas restorāns** 1 zu einem Aufenthalt ein (Balasta dambis 70, T. 67 87 38 04, tgl. 11–23 Uhr, http://fabrikasrestorans.lv, ab 12 €). Etwas weiter flussabwärts können Sie im minimalistisch eingerichteten Restaurant **Ostas Skati** 2 bei geeignetem Wetter auch draußen auf einer Terrasse direkt am Flussufer essen (Matrožu 15, T. 26 69 36 93, www.ostasskatirestorans.lv, Mo–Fr 10–23, Sa 11–23, So 11–22 Uhr, ab 12 €).

Cityplan: B/C 1–4 | **Bus** Ķīpsala

mediashow in dem modernen, schlichten und sehr dunkel gehaltenen Holzbau widmet sich dem lettischen Hafenarbeiter Žanis Lipke, der zusammen mit seiner Frau Johanna während der Okkupation durch die Nazis (1941–45) mehr als 50 Juden rettete, indem er sie in einem Bunker unter dem Schuppen hinter seinem Holzhaus versteckte. Nicht verpassen!

S STRAND

Der Strand 1 an der Ecke Vanšu-Brücke und Ķīpsala wurde erst vor einigen Jahren künstlich aufgeschüttet. Im Sommer ist er ein beliebter Treffpunkt für Beachvolleyballer.

Architektonische Schmuckstücke

Auf dem **Balasta dambis** reiht sich ein historisches Holzhaus an das andere, die meisten sorgfältig restauriert. Hier lässt sich am ehesten erahnen, wie schön Riga aussehen könnte, wenn tatsächlich alle Holzhäuser wiederhergestellt wären. Manche der Gebäude, wie beispielsweise **Haus Nr. 60** 2, standen früher im Stadtzentrum und waren schon so gut wie sicher dem Abriss geweiht. Sie wurden letztendlich aber hierhergebracht und wieder aufgebaut. Heute residiert in der Nr. 60 die Botschaft von Portugal. Das **›Australische‹ Haus** gleich nebenan mit dem Känguru auf dem Dach ist ebenfalls einen Blick wert. Ein gelungenes Beispiel für die Restaurierung ist das kleine **Philosophenhaus** 3 (Filozofu namiņs, Nr. 68b). Ein kleiner Abstecher führt über die Ogļu iela zur **Zvejnieku iela Nr. 5a** 4, wo ein Jugendstilhaus die Blicke auf sich zieht, das Anfang des 20. Jh. von Eižens Laube im Stil der Nationalen Romantik (► S. 49) erbaut wurde.

Modernes Wohnen in alter Fabrik

Ein gelungenes Beispiel für die Nutzung ehemaliger Produktionsstätten als Wohnraum in Riga ist die alte **Gipsfabrik** 5 (Ģipša fabrika). Der in 58 edle Behausungen mit Hafenblick umgestaltete Gebäudekomplex gehört zu den ambitioniertesten Projekten der Stadt. Der Entwurf hierfür stammt wie bei der Žanis-Lipke-Gedenkstätte von Zaiga Gaile.

UM DIE ECKE

Das **Kalnciema-Quartier** 6 (► S. 82) mit seinen renovierten Holzhäusern ist besonders am Samstag spannend, wenn ein feiner Bauernmarkt Hunderte Besucher anlockt. Nehmen Sie einfach den Trolleybus 5, 9, 12 oder 25 von der Haltestelle ›Ķīpsala‹ bis ›Melnsila iela‹.

Lettland in 4 Stunden – **Ethnografisches Freilichtmuseum**

13

Etwas außerhalb der Stadtgrenzen befindet sich eines der bedeutendsten Museen Lettlands. Mehr als 100 sowohl originale als auch rekonstruierte Gebäude der lettischen Bauernkultur stellt das Ethnografische Freilichtmuseum aus und vermittelt so einen hervorragenden Einblick in die kulturhistorische Entwicklung des Landes.

Im Ethnografischen Freilichtmuseum (Etnogrāfiskais brīvdabas muzejs) fühlt man sich in eine vollkommen andere Zeit zurückversetzt. Eine Zeit, in der die deutschbaltische Oberschicht in der Altstadt von Riga lebte und die lettischen Handwerker in den Vorstädten, in der die deutschbaltischen Gutsbesitzer in ihren Burgen, Schlössern

Um das weitläufige Gelände des Freilichtmuseums vollständig besichtigen zu können, sollten Sie gut zu Fuß sein.

und Gutshäusern residierten, während die meisten Letten auf den Feldern schufteten. Aus diesem Grund sind nicht wenige Letten der Meinung, um Riga verstehen zu können, müsse man zuerst das Freilichtmuseum besucht haben.

E
ESSEN

Ländliche Speisen aus der Provinz Zemgale werden im Restaurant **Priedes krogs** 1 aufgetischt (T. 29 43 51 89, www.vienigijums.lv, Mai–Sept. tgl. 10–18 Uhr, Okt.–April nur Sa/So).

Mehr als ein Museum

Das Ausstellungsareal befindet sich am Ende der Brīvības gatve, die Richtung Sigulda führt, direkt am idyllischen **Jugla-See** (Juglas ezers) und erstreckt sich über einen 87 ha großes Gebiet mit einem Kiefernwald. Dort wird seit 1924 die Idee des 1868 gegründeten Vereins der Rigaer Letten in die Tat umgesetzt. Obwohl die Mitglieder des Vereins anfangs mehr Deutsch als Lettisch sprachen, entwickelte er sich bald zu einem wichtigen Bestandteil der gerade erst aufkeimenden lettischen Unabhängigkeitsbewegung.

Dem Bedürfnis, die eigene Kultur fassbar zu machen, trug 1892 die Gründung eines zweiräumigen Lettischen Museums innerhalb des Stadtratsgebäudes Rechnung, ebenso wie eine Lettische Ausstellung im Kronvaldpark 1896. Als der Verein schließlich 1913 einen Architekturwettbewerb für ein Museum ausschrieb, brach der Erste Weltkrieg aus. Am Kriegsende war die Lettische Republik bereits geboren, und der Architekturprofessor Pauls Kundziņš regte an, aus allen Teilen des Landes historische Bauten zusammenzutragen und an einem Ort aufzubauen.

N
NOCH WAS

Anfang Juni findet der **Lettische Handwerkermarkt** mit Folklorevorführungen statt. Und während der **Handwerkertage** Anfang/Mitte Sept. gewähren fast vergessene Gewerbe Einblick in ihre Arbeit. Im Freilichtmuseum finden aber auch Veranstaltungen während der **Feierlichkeiten zur Sommersonnenwende** statt.

Erlebnis inklusive

Die mehr als 100 Gebäude des Museums, von denen einige über 300 Jahre alt sind, dokumentieren hervorragend die kulturhistorischen Besonderheiten der Provinzen Kurzeme, Zemgale, Latgale und Vidzeme. Am interessantesten ist ein Museumsbesuch während der Handwerkertage und bei anderen Veranstaltungen. Bei diesen Gelegenheiten können Sie nicht nur zusehen, wie etwa ein junger Bursche ein prächtiges Jagdmesser schmiedet oder ein Mädchen ein gestreiftes volkstümliches Deckchen webt, sondern auch etliche Volkstanzgruppen und Chöre in ihren verschiedenen Trachten bewundern.

Für die Erkundung des weitläufigen Geländes empfehle ich, mindestens einen halben Tag ein-

INFOS/ÖFFNUNGSZEITEN

Ethnografisches Freilichtmuseum: Brīvības gatve 440, T. 67 99 45 10, www.brivdabasmuzejs.lv, Mai–Okt. tgl. 10–20 (Gebäude bis 17 Uhr zugänglich), Nov.–April tgl. 10–17 Uhr, Eintritt Sommersaison 4,27 €, Wintersaison 2,13 €, mit Bus 1 von Brīvības bulvāris bis Brīvdabas muzejs (ca. 30 Min.)
Rigaer Filmstudios 7: Šmerļa iela 3, T. 29 11 41 52, www.studio.lv

Cityplan: Karte 3 | **Bus** Brīvdabas muzejs

zuplanen, besser noch einen ganzen. Erfrischung und Stärkung gibt es in der Nähe des **Haupteingangs** 1 in einer **Gastwirtschaft aus Zemgale** 1, die in einem langen Holzgebäude aus dem 19. Jh. untergebracht ist. Wenige Schritte entfernt stoßen Sie auf die kleine hölzerne **Usmakirche** 2 (Usmas baznīca) von 1704, die reichhaltige Schnitzereien zur Schau trägt (Gottesdienst So 10 Uhr). Folkloredarbietungen und Demonstrationen von (Kunst-) handwerkern finden häufig auf den **Bauernhöfen aus Vidzeme** 3 **und Latgale** 4 statt. Von dort ist es dann nicht mehr weit bis zur größten **Windmühle** 5 des Museums. Das im holländischen Stil erbaute Gebäude stammt aus dem 19. Jh. und stand ehemals in Latgale. Sehr reizvoll liegt auch das kleine **Fischerdorf aus Kurzeme** 6 am Ufer des Jugla-Sees. Hier werden Sie einiges über die historischen Fangtechniken und das Leben der Fischer in früherer Zeit erfahren.

Kein Plastik, nur Holz: Nachhaltigkeit bei den einfachen Dingen des Alltags wiederentdecken.

UM DIE ECKE

Auf dem Weg zum Freilichtmuseum kommen Sie fast an den **Rigaer Filmstudios** 7 vorbei, die zu den ältesten Nordosteuropas gehören. Zahlreiche bekannte Sowjetfilme wurden hier gedreht, etwa »Die Uhr des Kapitän Enrico«, »Teufelskerle«, »Zeit der Vermesser« und »Ceplis«. Der teuerste und erfolgreichste Film seit der Unabhängigkeit war »Die letzte Front – Defenders of Riga«. Eine Führung durch die Studios wird allerdings nicht angeboten.

14

Riviera des Baltikums – **der Kurort Jūrmala**

Nur 25 km von der Hauptstadt entfernt erstreckt sich an der Rigaer Bucht der größte Kurort des Baltikums. Mildes Seeklima, Heilquellen und elegante Sommerhäuser laden zum Verweilen ein. Die meisten Besucher zieht es jedoch an den endlos scheinenden Badestrand.

Jūrmala ist die Lunge von Riga, ohne Jūrmala könnten die meisten Rigaer nicht leben: Während der Sommerferien mieten sie sich hier in eine Datscha ein. Und wer sich das nicht leisten kann, fährt an jedem nur annähernd sonnigen Tag morgens hin und abends zurück. 51 000 Menschen leben in der 25 km langen, an manchen Stellen jedoch nur wenige Hundert Meter breiten Stadt zwischen dem Fluss Lielupe und der Rigaer Bucht. Stadtatmosphäre kommt eigentlich nur in

Endlos am Strand spazieren gehen, frische Seeluft schnuppern: Ein Ausflug nach Jūrmala ist bei jedem Wetter toll.

Majori auf, alle anderen Ortsteile bestehen aus ruhigen und idyllischen Wegen und Alleen mit eleganten Villen oder niedlichen Holzhäuschen aus der Wende zum 20. Jh. – exakt 414 Architekturdenkmäler stammen aus dieser Zeit, und mehr als 4000 Gebäude entsprechen der historischen Bebauung der Stadt.

Die alte Badeanstalt ist ein architektonisches Kleinod am Strand.

Städtisches Ambiente

Der Ortsteil Majori ist das Herz von Jūrmala, über dessen Geschichte das **Stadtmuseum** 1 (Jūrmalas pilsētas muzejs) informiert. An der einzigen Fußgängerzone der Stadt, der 1,5 km langen **Jomas iela** 2, reihen sich Restaurants, Souvenirgeschäfte und Hotels. Wem das Treiben auf der Einkaufsmeile zu hektisch ist, findet auf der näher am Meer verlaufenden **Jūras iela** 3 mehr Ruhe. Dort stehen einzigartige Villen aus dem 19. und beginnenden 20. Jh. Bäderarchitektur par excellence demonstriert die **ehemalige Badeanstalt** 4 von 1916, die während der Sowjetzeit

INFOS/ÖFFNUNGSZEITEN

Touristeninformation: Majori, Lienas 5, T. 67 14 79 00, www.tourism.jurmala.lv, Mo–Fr 9–19, Sa 10–17, So 10–15 Uhr

Stadtmuseum 1: Majori, Tirgoņu 29, T. 67 76 47 46, Mi–So 10–18 Uhr, Eintritt frei

Freilichtmuseum Jūrmala 10: Lielupe, Tīklu 1a, T. 67 75 49 09, Di–Sa 10–17 Uhr, Eintritt frei

Dzintari-Konzertsaal 1: Dzintari, Turai das iela 1, www.dzk.lv

Fahrradverleih ABC grupa 1: Majori, Jūras 24, T. 26 32 38 68, www.abcgrupa.lv

KULINARISCHES FÜR ZWISCHENDURCH

Gute lettische Hausmannskost im gemütlichen Café-Restaurant **Alus Krodziņš** 1 (Majori, Jomas iela 64a, T. 67 76 44 56, www.majorupromenade.lv)

Cityplan: Karte 3 | **Bahn, Minibus** Richtung Ķemeri/Tukums

die örtliche Poliklinik beherbergte. In der Nähe befindet sich der 1909 im Stil des Historismus erbaute **Seepavillon** 5.

Im Osten münden beide Straßen in die **Turai das iela** 6, die die Bahnstation Dzintari mit dem Strand verbindet. Auf ihr herrscht im Sommer nicht nur wegen der zahlreichen Restaurants viel Trubel. Denn im **Dzintari-Konzertsaal** 1 (Dzintaru koncertzaļe) finden vor allem während der Saison hochkarätig besetzte Konzerte, Opern- und Ballett-Aufführungen statt. Dem hübschen, 1936 erbauten Holzbau wurde 1960 eine große Freilichtbühne mit hervorragender Akustik angefügt.

F
FAHRRAD

Jūrmala ist wie geschaffen für Fahrradfahrer! Radwege gibt es zwar so gut wie keine, aber auf den kleinen Seitenstraßen sind kaum Autos unterwegs. Viele Wege führen durch den schönen Kiefernwald hinterm Strand. Oder wie wäre es mit einer kleinen Tour direkt über den Strand?

Sommerresidenzen zwischen Wald und Meer

Die ruhigen Wohnviertel Dzintari, Bulduri und Lielupe im Osten von Jūrmala sind mit vielen großzügigen Villen bebaut. Vor allem auf dem **Bulduru prospekts** 7, **Meža prospekts** 8 und **Vienības prospekts** 9 stehen wunderbar anzusehende Sommervillen aus dem 19. Jh. – viele sind in der für Jūrmala typischen Holzbauweise errichtet. Besonderer Beliebtheit erfreut sich der Strand von **Bulduri,** zumal er nur wenige Gehminuten von der Bahnstation entfernt liegt.

Westlich von Majori

Eine Bahnstation westlich von Majori ist **Dubulti,** verglichen mit dem Ortszentrum, schon um einiges beschaulicher. Kaum noch Badeortcharakter haben die Ortsteile Jaundubulti, Pumpuri, Melluži, Asari und Vaivari. Während an den parallel zum Meer verlaufenden Straßen etliche schicke Villen stehen, wohnen jenseits der Bahngleise viele Einheimische in relativ einfachen Verhältnissen.

UM DIE ECKE

Am östlichen Zipfel von Jūrmala erstreckt sich am Meeressaum der **Naturpark Ragakāpa** 10 mit zum Teil über 100 Jahre alten Kiefern. Breite Holzstege führen über eine bis zu 17 m hohe Dünenkette zu den landschaftlich schönsten Stellen. Der Park bietet einigen seltenen Pflanzen- und Vogelarten Schutz. Am Eingang des Parks gibt es ein kleines **Freilichtmuseum** mit einem Fischerhof aus dem 19. Jh.

Tor zum Gauja-Nationalpark – **Sigulda**

#15

Das malerische Städtchen Sigulda am Rand des Gauja-Tals bildet das Tor zum Gauja-Nationalpark. Seine Sehenswürdigkeiten und die reizvolle Umgebung machten Sigulda bereits kurz nach der Eröffnung der Bahnlinie Riga–Pskow 1889 zum beliebten Ferienort.

Das etwa 12 000 Einwohner zählende, 40 km von Riga entfernte Sigulda gehört zu den bekanntesten Reisezielen in Lettland. Berühmt ist es vor allem wegen seiner drei Burgruinen und zweier Schlösser, die sich zu beiden Seiten der Gauja erheben.

Diesseits der Gauja

Die Ruine der **Ordensburg** 1 (Siguldas pilsdrupas) auf der Stadtseite war eine der ersten Bur-

Die Skulptur zu Ehren von Krišjānis Barons, des ›Vaters der Dainas‹, wurde 1985 zum seinem 150. Geburtstag im Volksliederpark des Museumsreservats Turaida aufgestellt.

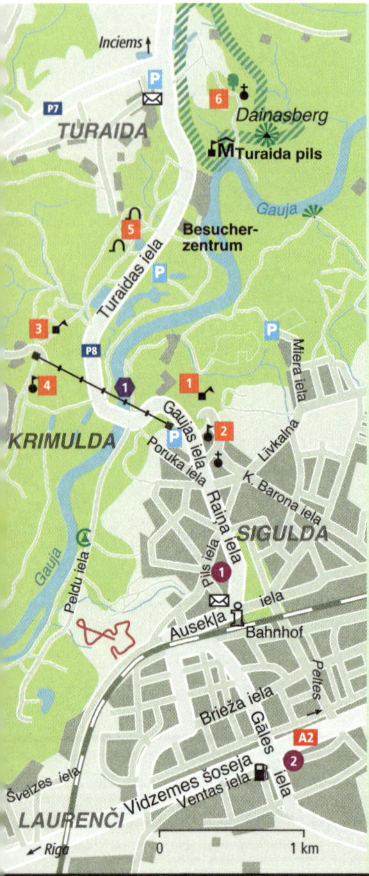

INFOS/ÖFFNUNGSZEITEN

TIC Sigulda: Ausekļa 6, Sigulda, T. 67 97 13 35, www.tourism.sigulda.lv, Mai–Okt. tgl. 9–19, Nov.–April tgl. 9–18 Uhr
Besucherzentrum Gauja-Nationalpark: Turaidas 2a (bei der Gutmannshöhle), Sigulda, T. 26 65 76 61, www.gnp.lv, tgl. 9–19 Uhr
Drahtseilbahn 1: tourism.sigulda.lv/seilbahn-uber-die-gauja, Mai–Okt. Mo 10–19.30, Do–Sa 10–18.30, Nov.–April tgl. 10–17 Uhr, einfach 7 €, hin und zurück 12 €
Museumsreservat Turaida 6: www.turaida-muzejs.lv, Mai–Okt. tgl. 10–18, Nov.–April tgl. 10–17 Uhr; Freilichtausstellung, Hauptturm und Südturm Mai–Okt. 9–20 Uhr, Führungen auch auf Deutsch, T. 67 97 14 02, Eintritt Sommer 5 €, Winter 2,85 €

KULINARISCHES FÜR ZWISCHENDURCH

Im Bistro **Kaķu Māja** 1 können Sie sich lettische Hausmannskost an der Theke zusammenstellen lassen und auf der Terrasse genießen (Pils iela 8, T. 29 15 01 04, www.cathouse.lv, tgl. 8–21 Uhr). Etwas feiner und noch schmackhafter essen Sie im **Fazenda** 2, wo auch vegetarische Gerichte auf der Karte stehen (Vidzemes šoseja 14, T. 66 90 06 69, www.fazenda.lv, tgl. 12–24 Uhr).

Cityplan: Karte 3 | **Bahn** von Riga Richtung Cēsis, Valmiera oder Valga

gen, die im 13. Jh. vom deutschen Schwertbrüderorden außerhalb von Riga erbaut wurden. Während des 16. und 17. Jh. wurde sie bis auf den Südwestflügel bei kriegerischen Auseinandersetzungen zerstört. Im Sommer wird die Ruine gern als Freilichtbühne für klassische Konzerte genutzt.

In der Nähe errichtete man zwischen 1878 und 1881 im Stil einer mittelalterlichen Burg das **Neue Schloss** 2 (Jaunā pils), das dem Grafen Kropotkin als Sommerresidenz diente. Heute ist hier die Stadtverwaltung von Sigulda untergebracht.

Jenseits der Gauja

Überqueren Sie die Gaujas iela, gelangen Sie zur **Drahtseilbahn** 1, die ihre Fahrgäste spektakulär in einer Höhe von 40 m auf die andere Seite der Gauja bringt. Mutige können sich hier sich per Bungeejumping in die Tiefe stürzen. Auf der anderen Seite des Flusses steht die Ruine der **Burg Krimulda** 3 (Krimuldas pilsdrupas), die 1231 bis 1255 für den Bischof von Riga errichtet und 1601 zerstört wurde.

Im **Schloss Krimulda** 4 (Krimuldas pils), das 1854 im klassizistischen Stil erbaut wurde, ist heute ein Rehabilitationszentrum untergebracht.

Die **Gutmannshöhle** 5 (Gūtmaņala) ist eine der bekanntesten Höhlen des Landes – schließlich trugen sich hier die Geschehnisse der lettischen Legende »Die Rose von Turaida« zu. Nahezu täglich pilgern Hunderte von Menschen zur 10 m hohen, nur knapp 19 m langen Höhle. Die Einritzungen an den Felswänden stammen z. T. von Besuchern aus dem 17. Jh.

Riesiger Museumspark

Die größte Attraktion Siguldas ist jedoch das **Museumsreservat Turaida** 6 (Turaidas muzejrezervats) mit der teilweise rekonstruierten **Burg Turaida** (Turaidas pils), die 1214 auf Anordnung des Rigaer Bischofs anstelle der Holzburg des Livenführers Kaupo errichtet worden war. Blickfang ist der eindrucksvolle, etwa 30 m hohe Hauptturm, von dessen Spitze Sie eine grandiose Aussicht über einen Teil des Nationalparks genießen. Im Museum neben dem Turm können Sie u. a. archäologische Funde besichtigen, die aus der Zeit stammen, als an gleicher Stelle noch die Holzburg stand.

UM DIE ECKE

Der **Gauja-Nationalpark** (Karte 3, Gaujas nacionālais parks) bietet mit dem tief in rotgelben Sandstein geschnittenen Urstromtal der Gauja faszinierende Natureindrücke und zahlreiche Ausflugsmöglichkeiten. Bei einer Kanutour erfahren Sie die bis zu 85 m hohen Steilufer, bizarre Klippen, Grotten, Höhlen und Sandbänke. Die Wege und Pfade des Nationalparks laden überdies zu ausgiebigen Wanderungen ein.

B
BRÜCKE

Wie die 1937 erbaute Golden Gate Brücke in San Francisco, so galt die zeitgleich errichtete erste Brücke über die Gauja in Sigulda als technisches Wunderwerk. Leider wurde sie 1941 von russischen Soldaten beim Rückzug gesprengt. Der heutige Nachfolgerbau stammt aus dem Jahr 1950.

EINTRITTSKARTEN *in eine andere Welt …*

In über 50 Museen können Sie noch tiefer in die Geschichte Rigas eintauchen, hier meine persönlichen Favoriten.

UND JETZT ENTSCHEIDEN SIE!

Nationales Kunstmuseum
Di–Do 10–18, Fr 10–20, Sa/So 10–17 Uhr, Mo geschl.
3,50 €/2 €

Nach einer umfangreichen Restaurierung und Erweiterung 2016 wiedereröffnet, birgt das 1905 errichtete Gebäude die bedeutendste Sammlung lettischer Malerei und Skulptur des 19. und 20. Jh.
E 3, www.lnmm.lv

JA NEIN

Pauls Stradiņš Museum für Medizingeschichte
Di, Mi, Fr, Sa 11–17, Do 11–19 Uhr, So/Mo geschl.
2,13 €/1,42 €

Die Sammlung alter medizinischer Geräte des lettischen Arztes Pauls Stradiņš bildet seit 1957 die Grundlage dieses Museums. Es ist untergebracht in einem 1875 von Heinrich Scheel erbauten Wohnhaus.
D 3, www.mvm.lv

JA NEIN

Motormuseum
Tgl. 10–18 Uhr
10 €/5 € (Kinder bis 6 Jahre frei)

Die Sammlung des Motormuseums ist weit über die Grenzen Lettlands hinaus bekannt. Highlights sind ein Auto-Union-Rennwagen Typ C/D von 1938 sowie Fahrzeuge Leonid Breschnews und Josef Stalins.
außerhalb K 1, www.motormuzejs.lv

JA NEIN

Porzellanmuseum
Di–So 11–18 Uhr
2,50 €/erm. 1 €

Das Museum im Konventhof zeigt historische Porzellangegenstände, etwa aus den ehemaligen Rigaer Porzellanfabriken Kusnezow und Jessen, und in Wechselausstellungen auch aktuelle internationale Keramikkunst.
E 4, porcelanamuzejs.riga.lv

JA NEIN

Eisenbahmuseum
Di, Mi, Fr, Sa 10–17, Do 10–20 Uhr, So geschl.
2,50 €/1 €

Wandeln Sie auf den Spuren der lettischen Eisenbahn und erfahren Sie, dass es in Lettland fünf Spurweiten gab. Besonders spannend: der Außenbereich mit 47 Fahrzeugen aus sowjetischer, aber auch deutscher Produktion.

JA NEIN

C 5, www.railwaymuseum.lv

Luftfahrttechnisches Museum
Mo–Fr 10–18 Uhr, Sa/So n. V.
7 €

Auf dem Gelände des Rigaer Flughafens zeigt das Museum 47 Flugzeuge und Helikopter aus den letzten 40 Jahren, etwa den Helikopter Mi-6 und das Passagierflugzeug An-24B, beide von innen zu besichtigen.

JA NEIN

Karte 3, aviamuseum.org

Naturkundemuseum
Mi/Fr 10–17, Do 10–19, Sa/So 11–17 Uhr, Mo/Di geschl.
2,13 €/1,14 €

Im ältesten und umfangreichsten Naturkundemuseum der Ostsee-Region können Sie wunderbar die lettische Natur studieren und regelmäßig spannende Sonderausstellungen besuchen.

JA NEIN

E 4, www.dabasmuzejs.gov.lv

Rigaer Kunstraum
Tgl. 11–18 Uhr
5 €/3 €

Einer der renommiertesten und modernsten Ausstellungssäle für zeitgenössische Kunst in Riga zeigt im Untergeschoss eines Hauses am Rathausplatz Werke zumeist lettischer Künstler.

JA NEIN

D 4, makslastelpa.lv

Museum von Romans Suta und Aleksandra Beļcova
Di 11–19, Mi–Sa 11–18 Uhr, So/Mo geschl.
2 €/1 €

Der Besuch des Gedenkmuseums im 5. Stock eines Wohnhauses ist eine Zeitreise in die 1920/30er-Jahre. Die liebevoll von der Tochter eingerichtete Ausstellung u. a. Familienfotos und Werke der Künstlerpaares.

JA NEIN

E 3, www.lnmm.lv

Erinnern und gedenken

Während der Brüderfriedhof für den lettischen Freiheitkampf steht, erinnert der Große Friedhof an die deutschbaltische Vergangenheit der Stadt. Der lettische Holocaust ist in Deutschland immer noch viel zu unbekannt. Dabei fanden hier unzählige verschleppte Juden aus Deutschland, Österreich und Tschechien den grausamen Tod durch die Nazis und ihre lettischen Kollaborateure. Genauso wenig ist über die Deportationen von Zehntausenden Letten nach Sibirien Anfang und Ende der Vierzigerjahre bekannt.

Ruhe für Freiheitskämpfer

Brüderfriedhof 🕮 außerhalb G/H 1

Nach der Freiheitsstatue (► S. 43) ist der Brüderfriedhof (Brāļu kapi) die bedeutendste lettische Gedenkstätte. Zwischen 1924 und 1936 wurde er in einer Gemeinschaftsarbeit des lettischen Bildhauers Kārlis Zāle, der Architekten Aleksandrs Birzenieks und Pēteris Feders sowie des Landschaftsarchitekten Andrejs Zeidaks als monumentale Grabstätte für die etwa 2000 lettischen Gefallenen des Ersten Weltkriegs und des anschließenden Befreiungskriegs konzipiert und gestaltet. Nach dem Zweiten Weltkrieg beerdigten hier die Sowjets Gefallene der Roten Armee, später auch sowjetische Parteifunktionäre, und schliffen von den Grabsteinen die Namenszüge lettischer Gefallener ab. Die Grabsteine wurden jedoch mittlerweile restauriert, die Rotarmisten und sowjetischen Funktionäre auf einen anderen Friedhof umgebettet.

Gauja street 19, http://www.rigasbralukapi.lv, Tram 11 Brāļu kapi

Park der Erinnerung

Großer Friedhof 🕮 G/H 1

Noch bis ins 18. Jh. wurden viele Tote auf den Gottesäckern rings um die Kirchen beigesetzt, so auch in der Altstadt von Riga. Erst nach einer verheerenden Pestseuche in Russland erließ der Rigaer Rat 1773 das Verbot von Beisetzungen innerhalb der Stadtmauern. Der vier Jahre später eröffnete Große Friedhof (Lielie kapi) war im 19. Jh. der bedeutendste Friedhof Rigas, auf dem vor allem die deutschbaltische Oberschicht ihre letzte Ruhe fand. Nach dem Zweiten Weltkrieg fiel ein großer Teil der Gräber dem Vandalismus zum Opfer. Heute dient die 1969 schließlich geschlossene und in einen Memorialpark umgewandelte Anlage mit ihren zerfallenen Familiengrüften und umgekippten Grabsteinen Spaziergängern als Refugium.

Tram 11 Kazarmu iela

Vernichtung europäischer Juden

Gedenkstätte Biķernieki 🕮 Karte 3

Im Wald von Biķernieki (Biķernieku mežs) am östlichen Stadtrand von Riga wurden zwischen 1941 und 1944 etwa 40 000 Juden aus ganz Europa erschossen. Im Zentrum der kurz nach der Jahrtausendwende eingeweihten Holocaust-Gedenkstätte (2. pasaules kara upuru kapi) steht ein schwarzer Granitblock mit einem Vers aus dem Alten Testament: »Ach Erde, bedecke mein Blut nicht, und mein Schreien finde keine Ruhestatt!« (Hiob 16,18). Umgeben ist er von Tausenden von Steinen, die an menschliche Gestalten gemahnen. Jenseits des Steinfelds führt ein Weg an den eingefassten Massengräbern im Wald entlang.

Biķernieku mežs, Bus 16 ab Tērbatas iela bis Kapi, etwa 100 m hinter der Haltestelle führt ein gepflasterter Weg nach rechts zur Gedenkstätte.

Vernichtung lettischer Juden

Gedenkstätte Rumbula Karte 3

Die Gedenkstätte Rumbula südöstlich der Stadtgrenze von Riga erinnert mit eindrucksvollen Skulpturen an die Schicksale von fast 28 000 lettischen Juden, die am 30. November und 8. Dezember 1941 von den Nazis aus dem Rigaer Ghetto (► S. 64) hierhergebracht und erschossen wurden.

Maskavas iela 471. Mit dem Bus 18 bis Haltestelle Rumbula, dann einige Schritte zurück, ein metallenes Monument weist zur Gedenkstätte.

Tödliches Arbeitslager

Gedenkstätte Salaspils Karte 3

Das Polizei- und Arbeitserziehungslager Salaspils 18 km südöstlich von Riga bestand von Oktober 1941 bis Oktober 1944 und war unter dem deutschen Namen Kurtenhof bekannt. Errichtet wurde es von sowjetischen Kriegsgefangenen und deportierten Juden, von denen viele während des Arbeitseinsatzes ihr Leben ließen. Das Alltagsgeschehen und die Opferzahlen sind immer noch schwer rekonstruierbar. Vermutlich wurden insgesamt 12 000 Menschen interniert, etwa 1000 davon waren sogenannte Bandenkinder, die man größtenteils ohne erwachsene Angehörige aufgegriffen hatte. 2000 bis 3000 der Lagerinsassen kamen um, wobei der Anteil der Kinder sehr hoch gewesen sein soll.

Um das Andenken an die Opfer des faschistischen Terrors für immer zu bewahren, wurde 1966/67 die Gedenkstätte errichtet. An einer riesigen Betonwand am Lagereingang heißt es: »Hinter diesem Tor stöhnt die Erde.« Auf dem Gelände, auf dem mindestens 15 Baracken gestanden haben sollen, sehen Sie sieben überdimensionale Steinfiguren. Erschütternd wirkt ein in einen schwarzen Marmorblock eingelassenes Metronom, das mit beständigem dumpfem Klopfen die Stille durchbricht. Eine von Rosen bewachsene Betonmauer erinnert an die ermordeten Kinder.

Rīgas rajons, 2121 Salaspils, auf A6 Richtung Jēkabpils, einige Kilometer weiter vor der Ortschaft Salaspils folgen Sie links dem Hinweisschild »Salaspils 1941–44«.

M MUSEEN

Beinahe alle Rigaer Museen haben montags geschlossen. Einen guten Überblick über Museen, Gedenkstätten und Galerien verschafft die Website **www.liveriga.com,** über Gedenkmuseen erfahren Sie mehr unter **www.memorialiemuzeji.lv.**

Symbol der Sowjets

Siegesdenkmal C 6

Quasi als Vorposten der Stadtteile Āgenskalns und Torņakalns ragt im Siegespark (Uzvaras parks) das Siegesdenkmal (Uzvaras piemineklis) empor. 1985 wurde es von den Sowjets als monumentales Gegenstück zum Freiheitsdenkmal auf der anderen Flussseite errichtet in Erinnerung an die Befreiung Lettlands von den Nationalsozialisten durch die Sowjetarmee. Bei den Letten, die die Sowjets keineswegs als Befreier betrachten, ist das Denkmal umstritten. Jeden 9. Mai versammeln sich hier Anhänger der ehemaligen Sowjetunion.

Uzvaras parks, Tram 10 bis Slokas iela

Mahnmal gegen den Terror

Bahnhof Torņakalns C 6

In der Nacht zum 14. Juni 1941 wurden von hier aus Tausende als ›staatsfeindliche Elemente‹ eingestufte lettische Staatsbürger – darunter überdurchschnittlich viele Juden – in vergitterten Viehwaggons in den Gulag oder in die unwirtlichen Sonderansiedlungszonen Sibiriens deportiert. Bei dieser ersten Deportation wurden mehr als 16 000 Menschen aus Lettland verschleppt, der zweiten um den 25. März 1949 fielen über 42 000 Menschen zum Opfer. Das Denkmal für die Opfer des kommunistischen Terrors (Komunistiska terora upuru pieminieklis) erinnert in Form eines Gedenksteins und eines Viehwaggons an dieses Verbrechen gegen die Menschheit.

Vilkaines iela, Tram 10 bis Torņakalnja stacija

Eine Stadt erfindet sich neu

Nicht erst seit der Wirtschaftskrise 2008, als die lettische Wirtschaft am Boden lag und Eigeninitiative überlebenswichtig war, engagieren sich in Riga immer mehr Gruppen oder Einzelpersonen für Bürgerrechte, sinnvolle Stadtentwicklung und Förderung der Kultur. Kreative Zentren wie das Kulturzentrum Kaņepe, die ›Freie Republik Miera iela‹ oder die Initiativen in den Speicherhäusern, hatte ich schon erwähnt, aber es gibt noch mehr:

Auf Mythen gebaut

Lettische Nationalbibliothek
C/D 5

Mehr als 25 Jahre dauerten Planung und Bau des eindrucksvollen Gebäudes, das vom lettisch-amerikanischen Architekten Gunārs Birkerts entworfen wurde. Die Grundidee dieses an einen Berg aus Glas erinnernden, 68 m hohen und 13 Stockwerke umfassenden Baus beruht auf zwei lettischen Mythen: auf dem Gedicht »Das goldene Ross« des lettischen Nationaldichters Rainis (1865–1929), in dem eine Prinzessin aus ewigem Schlaf auf der Spitze eines gläsernen Bergs erlöst wird, und auf der Sage »Gaismas pils« (Lichtschloss), in der das lettische Volk erst nach der Wiederauferstehung des Lichtschlosses seine Freiheit zurückerlangt. Das Haus soll künftig nicht nur Wissensspeicher, sondern auch multifunktionales Kultur- und Bildungszentrum sein.

Mūkusalas 3, Torņakalns, T. 67 36 52 55, www.lnb.lv, Mo–Fr 9–20, Sa/So 10–17 Uhr, Anmeldung zur Führung: T. 22 02 29 20 oder ekskursijas@lnb.lv

L LITERA-TOUR

In Altstadtgassen und Parks, auf Hinterhöfen, Plätzen und Brücken rezitiert Matthias Knoll auf seiner LiteraTour durch Riga aus seinen Übersetzungen von Werken lettischer Schriftsteller – aus Romanen, Erzählungen, Versepen und Theaterstücken. Er öffnet so einen Spalt breit die Tür zur Geisteswelt Lettlands und vermittelt zugleich einen faszinierenden Einblick hinter die steinernen Fassaden der Stadt.

www.literatur.lv, Dauer ca. 2 Std., je nach Teilnehmerzahl 7,50–25 €/Pers.

Kultur in Holzhäusern

Kalnciema-Quartier A 5

Das Kalnciema-Quartier (Kalnciema kvartāls) besteht aus mehreren vorbildlich renovierten historischen Holzhäusern an der Kalnciema iela, der verkehrsreichen Straßen auf der anderen Seite der Düna, die die Altstadt mit dem Flughafen verbindet. In den sechs einstöckigen Häusern, die um 2001 die Brüder Martins und Kārlis Dambergs renoviert haben, finden Sie nun nicht nur mehrere Designstudios und Shops, sondern auch ein gemütliches Café und ein edles Restaurant mit dem einfachen Namen Māja (www.restoransmaja.lv). Jeden Samstag findet zwischen 10 und 16 Uhr ein äußerst beliebter Markt statt, auf dem hochwertige Lebensmittel und Kunsthandwerk aus ganz Lettland verkauft werden. Außerdem gibt es hier regelmäßig Theateraufführungen, Konzerte und Ausstellungen. Das Wahrzeichen des Viertels ist ein granatapfelroter Lada, der auf dem Gelände herumsteht.

Kalnciema iela 35, www.kalnciemaiela.lv, Bus 22 von Grēcenieku iela bis Melnsila iela

H
HOLZERBE

Ein Teil der etwa 2000 Holzhäuser in Riga stammt aus dem 18. Jh. Sie verdanken ihre Entstehung einem Erlass des russischen Zaren Peter I., der den Bau von Steinhäusern außerhalb des Befestigungswalls verbot. Rund 500 historische Holzhäuser wurden 1997 in die Liste des UNESCO-Welterbes aufgenommen. Leider ist heute ein Großteil der Holzhäuser dem Verfall preisgegeben, denn den Eigentümern fehlt es oft an Geld für die Restaurierung. Über die Geschichte und Gegenwart der Holzhäuser informiert das Zentrum Koka Rīga im Stadtteil Grizinkalns, das auf seiner Website auch Tourenvorschläge macht.
www.kokariga.lv

Umbruch am Exporthafen

Andrejsala 🕮 C 1

Die Halbinsel Andrejsala nördlich der Altstadt gehörte zum Rigaer Hafen und tut es zum Teil heute noch. Nach Jahren des Leerstands soll hier nun ein modernes Stadtviertel entstehen. Doch solange die Baumaßnahmen nicht begonnen haben, ist das Areal ein reizvoller Ort für Spaziergänger und Liebhaber von Industrieruinen. Ob in dem ehemaligen Energiekraftwerk im Zentrum der Halbinsel das Museum für zeitgenössische Kunst unter der Federführung des weltbekannten Architekten Rem Kolhaas jemals gebaut wird, steht auch in den Sternen. Zugänglich ist vor allem der südliche Pier, von dem aus Sie einen tollen Blick auf den Passagierhafen mit riesigen Kreuzfahrtschiffen genießen. An der zentralen Andrejostas iela haben sich Ateliers, Büros und Werkstätten eingerichtet, in denen ambitionierte und kreative Firmen die Entwicklung ihrer Ideen vorantreiben. Mittlerweile hat sich der Süden der Flussinsel sogar zu einem Hotspot des Rigaer Nachtlebens entwickelt, mehrere Restaurants und ein Edelclub laden zu einem Abendbesuch ein.
www.andrejsala.lv, Tram 5, 6, 7 oder 9 von Nacionālā opera bis Ausekļa iela

Schwimmende Kunstgalerien

NOASS und Betanovuss 🕮 C 4

Bis zum Baubeginn des neuen Konzertsaals ist auf dem AB-Damm am Hafenbecken der Düna nahe der Neuen Nationalbibliothek noch genügend Platz für die schwimmenden, auf zwei miteinander verbundenen Pontons untergebrachten Kunstgalerien NOASS und Betanovuss. Vor allem zeitgenössische Kunst bekommt hier ein Forum, aber auch moderner Tanz und Theater. Darüber zeigt das Museum für Naive Kunst seine Dauerausstellung. Die Galerien sind auch Heimstätte des im Herbst stattfindenden Internationalen Festivals für zeitgenössische Kunst und Videokunst ūdensgabali (dt. Wasserstücke).
AB dambis, www.noass.lv, Tram 2, 4, 5 oder 10 von Grēcenieku iela bis Valguma iela oder zu Fuß über Steinbrücke (Akmens tilts)

Im Sommer finden im Kalnciema-Quartier jeden Donnerstag Open-air-Konzerte bei freiem Eintritt statt.

Pause. Einfach mal abschalten

II

Riga bietet viele Orte, um sich zu erholen, und dies nicht nur in den Parkanlagen rund um den Stadtkanal, sondern auch in den drei Parks etwas außerhalb oder auf der Flussinsel Lucavsala, die sich besonders gut für einen Besuch mit Kindern eignet. Wenn Sie etwas mehr Zeit haben, empfehle ich Ihnen einen Ausflug zum Mežaparks.

Erholung für alle

Wöhrmannscher Garten 🕮 E 3/4

Der Wöhrmannsche Garten (Vērmanes dārzs) ist einer der ältesten Parks von Riga und aufgrund seiner zentralen Lage und gelungenen Gestaltung die vielleicht beliebteste Grünanlage der Stadt. Hier können Sie nach anstrengenden Besichtigungen wunderbar verschnaufen und dabei das Alltagsleben der Rigaer studieren. Der Park entstand 1817, als eine gewisse Anna Gertrude Wöhrmann ihren Garten der Stadt mit der Auflage vermachte, hier einen Park zu schaffen, der insbesondere gesundheitlich Schwachen die Möglichkeit zur Erholung geben sollte. Im Zentrum der Anlage sprudelt ein hübscher Springbrunnen, dahinter erhebt sich die **Estrade,** in der Kulturveranstaltungen stattfinden. Hier treffen sich auch ambitionierte Schachspieler zu einer Partie.

Nicht entgehen lassen sollten Sie sich Rigas größten **Blumenmarkt** (Puķu tirgus). Er ist Tag und Nacht geöffnet und beweist, welch große Bedeutung Blumen für die Letten besitzen. Den Vorbeigehenden werden mit einem freundlichen »Nu ludzu!« (Bitte sehr!) frische, duftende und liebevoll zusammengestellte Blumengestecke angeboten.

Tram 3, 6, 11 Merķeļa iela

Kurz mal innehalten

Esplanāde 🕮 E 3

Die Parkanlage wird von der russisch-orthodoxen Christi-Geburt-Kathedrale (▶ S. 52), dem Nationalen Kunstmuseum (▶ S. 78) und dem unübersehbaren Radisson Blu Hotel Latvija eingefasst. Unter schattigen Bäumen und hübsch angelegten Rosengärten laden lange Bänke zu einer Rast ein. Mitten im Park steht das 1965 nach einem Entwurf von Kārlis Zemdega aus hellrotem Granit geschaffene Denkmal für Rainis, Lettlands bedeutendstem Volksdichter. An den Tagen vor und nach dessen Geburtstag, dem 11. September, werden hier alljährlich die Tage der Poesie veranstaltet (www.dzejasdienas.lv).

Bus 21, 37, 41 Esplanāde

Spaziergang gefällig?

Kronwaldpark 🕮 D/E 2/3

An der Stelle der früheren Schutzwälle legte der Deutsche Schützenverein den Schützengarten zur Erholung an. 1864 schenkte Zar Alexander II. dem Verein das Areal – sehr zum Entsetzen der Ratsherren, denn es gab bereits Pläne, einen öffentlichen Park anzulegen. Der Schützenverein nahm zwar Eintritt, kümmerte sich aber auch um die Gestaltung und Pflege des waldähnlichen Parks. Später wurde er nach einem Entwurf von Georg Friedrich Kuphaldt umgestaltet. Erst 1931 ging die Grünfläche in den Besitz der Stadt über.

Tram 5, 6, 7, 9, Bus 25, 37, 41 Nacionālais teātris

Paradies für Kinder

Lucavsala 🕮 E/F 7/8

Mitten in der Düna (Daugava) erstreckt sich die Flussinsel Lucavsala, die kaum beachtet wurde, bis man sie vor einigen Jahren als städtisches Erholungsgebiet entdeckte und eine Erholungsparkt mit Spielplätzen, Badestellen, Cafés, Volleyballplätzen und Liegewiesen einrichtete.

Der Kisch-See bietet beste Voraussetzungen für alle Arten von Wassersport.

Nun zählt die Halbinsel im Sommer zu den beliebtesten Wochenendzielen der Rigaer, vor allem für Familien mit Kindern. Seit einiger Zeit gibt es auch einen Wakepark, an Sonntagen treffen sich regelmäßig Yoga-Liebhaber auf den Wiesen der Insel.

Trolleybus 19 Lucavsala

Waldstadt am Waldpark

Mežaparks 🗺 außerhalb G 1
Anfang des 20. Jh. begann man am Stadtrand von Riga ein neues Wohnviertel zu bauen. Es entstanden sehr schöne Villen, beinahe die Hälfte entwarf der Architekt Gerhard von Tiesenhausen. Hinter den Häusern erstreckt sich ein riesiger Waldpark mit zahlreichen Freizeitmöglichkeiten (etwa einem Hochseilgarten), außerdem lädt der große **Kisch-See** (Ķīžezers), zum Verweilen und Baden ein. Die Atpūtas aleja führt zur großen **Freilichtbühne** (Mežaparka lielā estrāde), auf der alle fünf Jahre das Allgemeine Lettische Lieder- und Volkstanzfest stattfindet. Sie bietet bis zu 12 000 Sängern und 30 000 Zuschauern Platz.

Tram 11 Mežaparks

Z
ZOO

Auch der 1912 gegründete Zoologische Garten (Rīgas Zooloģiskais Dārzs), der zu den ältesten in Europa gehört und 475 Tierarten auf einer Fläche von 22 ha beherbergt, ist in Mežaparks ansässig. Sehr interessant ist beispielsweise die Reptiliensammlung im neu erbauten Tropenhaus.

Meža prospekts 1, T. 67 51 84 09, www.rigazoo.lv, Kassenöffnungszeiten tgl. 10–18 Uhr, das Areal ist bis 19 Uhr begehbar, 6 €

Die neue Mitte

Das Übernachtungsangebot in Riga hat sich in den letzten Jahren stark verbessert, denn es sind viele neue Mittelklassehotels entstanden. Darüber hinaus machen Privatanbieter den Hotels Konkurrenz (s. »Wohnen wie zu Hause«). Eine preiswerte Alternative zum Hotel ist aber auch die Übernachtung in einem Bed & Breakfast. Noch mehr können Sie sparen, wenn Sie in einem Mehrbettzimmer in einer der zahlreichen Jugendherbergen einchecken. Und wie immer gilt: je weiter weg vom Zentrum, desto günstiger das Hotel.

Die angegebenen Preise gelten – sofern nicht anders vermerkt – für zwei Personen im Doppelzimmer (DZ) inklusive Frühstück und 12 % Mehrwertsteuer (lettisch abgekürzt PVN) – in der Hochsaison Mitte Juli bis Mitte August, wenn die Hotelsituation in Riga angespannt ist. Um ein günstiges Zimmer zu ergattern, empfehle ich, gerade für diesen Zeitraum rechtzeitig zu reservieren. Während des restlichen Jahres gehen die Tarife bisweilen deutlich nach unten. Zahlreiche Hotels bieten beim Erwerb der Riga Card (► S. 111) Rabatte von bis zu 20 % an.

Bei der Buchung einer Unterkunft hilft auch die Rigaer Touristeninformation (T. 67 03 79 00, info@liveriga.lv), auf deren Website Sie auch direkt eine Kreditkartenzahlung vornehmen können (http://stay.liveriga.com/de/99-unterkunft).

Texte lettischer Volkslieder zieren die Glasfassade des Radisson blu Elizabete Hotels.

WOHNEN WIE ZU HAUSE

In Riga sind Plattformen für private Anbieter wie **Airbnb** oder **Wimdu** sehr beliebt. Schließlich gibt es viele leerstehende Wohnungen in der Stadt, nicht zuletzt, weil zahlreiche Menschen das Land verlassen haben, um im Ausland Geld zu verdienen. Und es funktioniert sogar, in Riga gratis per Couchsurfing bei Privatpersonen unterzukommen. Wer ein bisschen Lettisch oder Russisch kann, kann auch auf der Website **www.ss.lv** private Ferienwohnungen anmieten – die sind zum Teil deutlich günstiger als Wohnungen auf oben genannten Portalen. Einfacher geht es natürlich auf Seiten wie **Booking.com,** wo ebenfalls Ferienwohnungen und Privatzimmer angeboten werden.

WIE BEI FREUNDEN

Sich wie zu Hause fühlen

Homestay außerhalb G 1

Mitten im eleganten Villenvorort Mežaparks und in der Nähe des Zoologischen Gartens und des Kisch-Sees (Ķīšezers) steht dieses schmucke Holzhäuschen, in dem die Lettin Diga mit ihrem neuseeländischen Partner Ric lebt und Gästen drei gemütliche Zimmer zur Verfügung stellt. Gekocht und gegessen wird in einer Wohnküche, die Sie mit den anderen Bewohnern teilen. Zum Wohlfühl-Ambiente tragen die idyllische Sommerterrasse, der liebevoll gestaltete Garten, der gutmütige Hund und zwei Katzen bei.

Stokholmas 1, T. 67 55 30 16, mobil 26 46 41 13, www.homestay.lv, Tram 11 Visbijas iela, DZ 50 €

Bunte Privatwohnung

Jurmala Dreams G 3

Wenn Sie mit einer kleinen Gruppe nach Riga kommen, bietet sich vielleicht an, anstelle eines Hotels eine Ferienwohnung zu mieten. Ein hervorragendes Apartment für bis zu 8 Personen ist beispielsweise das Jurmala Dreams, das in einem Dachgeschoss untergebracht ist und mit zwei Schlafzimmern und einem Wohnzimmer ausgestattet ist. Die Lage in der Neustadt ist kein Nachteil, in 15 Minuten sind Sie in der Altstadt. Die bunte Möblierung und die umfassende Ausstattung sollten kaum Wünsche offen lassen.

Matīsa iela 28A, T. www.airbnb.de, Tram 3, 6, 11 Bērnu pasaule, DZ 120 €, 8 Pers. 200 €

EINFACH NUR SCHÖN

Preiswert und familiär

Hotel Edvards E 3

Wenn Sie auf persönlichen Kontakt Wert legen und ein kleines Hotel mit ordentlichen Zimmern suchen, treffen Sie mit dem Hotel Edvards keine schlechte Wahl. Die ruhige Lage in einem Hinterhof, die gut zu Fuß erreichbare Altstadt und das nur einen Katzensprung entfernte Jugendstilviertel sind weitere Pluspunkte. Außerdem gleich um die Ecke: das frisch renovierte Nationale Kunstmuseum und die Parkanlage Esplanāde.

Dzirnavu 45/47, T. 67 43 99 60, www.hoteledvards.lv, Trolleybus 3, 5, 25 Lāčplēša iela, DZ 55–70 €

Zentral und originell

Hotel Justus Karte 2, D 4

Nahe dem Dom und gegenüber von Rigas schönstem Jugendstilgebäude überzeugt das Justus mit topmoderner Einrichtung. Kein Zimmer gleicht dem anderen, mal schmückt ein Ölgemälde die Wände, mal ein sowjetisches Propagandaposter. Manche Backsteinmauern sind freigelegt, andere mit edler Tapete überzogen – diese Gegensätze machen die Räume besonders reizvoll.

Jauniela 24, T. 67 21 24 04, www.hoteljustus.lv, Tram 2, 4, 5, 10 Grēcinieku iela, DZ ab 99 €

Zentral und gemütlich

Konventa sēta Karte 2, E 4

Im restaurierten Konventhof, einem historischen Komplex in der Nähe der Petrikirche, sind viele Galerien und Souvenirläden untergebracht. Im Mittelpunkt steht dieses Hotel mit 141 Zimmern, die sich in neun miteinander verbundenen Gebäuden aus dem 14. bis 16. Jh. befinden und im skandinavischen Stil eingerichtet sind.

Kalēju 9/11, T. 67 08 75 07, www.hotelkolonna.lv, Tram 5, 6, 7, 9 Nacionālā opera, DZ ab 87 €

Im Herzen der Altstadt

Radi un Draugi Karte 2, E 4

Solche Hotels müsste es öfter geben: 76 einfache, aber ordentlich und komfortabel eingerichtete Zimmer in einem Haus im Herzen der Altstadt und dazu ein freundlicher Service. Wegen des guten Preis-Leistungs-Verhältnisses ist es meistens ausgebucht. Deshalb unbedingt rechtzeitig reservieren!

Mārstaļu 3, T. 67 82 02 00, www.hotelradiundraugi.lv, Tram 2, 4, 5, 10 Grēcinieku iela, DZ 76 €

Das Hotel Neiburgs hat seine Adresse in einem Gebäude, das 1903 nach einem Entwurf des Deutschbalten Wilhelm Bockslaff erbaut wurde.

FREUNDE FINDEN

Gut geführt und preiswert

Funky Hostel F 3

Dieses Hostel zählt nicht zu den Party-Hostels von Riga. In den einfachen, aber sauberen Zweibettzimmern finden Sie ihren verdienten Schlaf. Es gibt WLAN in jedem Zimmer und sichere Karten anstelle von Schlüsseln. Den Gästen steht eine Waschmaschine und eine Gemeinschaftsküche zur Verfügung. Bis in die Altstadt sind es 15 Minuten, in der Nähe gibt es zahlreiche Bars, Restaurants und gute Einkaufsmöglichkeiten.

K. Barona 25, T. 29 10 59 39, www.funkyhostel.com, Tram 3, 6, 11 Dzirnavu iela, DZ 30–40 €

Preisgekrönt und zentral

The Naughty Squirrel E 4

Vielfach ausgezeichnetes Backpacker Hostel unweit des Bahnhofs im Herzen der Altstadt, von dem aus der Flughafen mit dem Bus 22 gut zu erreichen ist. Das Haus überzeugt wegen seiner sauberen Zimmer und komfortablen Betten. Das Personal ist freundlich, es gibt eine Bar, zwei Aufenthaltsräume, einen Kickertisch und freies Internet.

Kalēju 50, T. 67 22 00 73, www.thenaughtysquirrel.com, Tram 2, 4, 5, 10 13. janvāra iela, DZ ab 35 €, Mehrbettzimmer ab 12 €/Pers.

Freundlich und unkompliziert

Red Nose Hostel Karte 2, E 4

Kleines, neues Hostel in einem renovierten Altbau direkt neben der Johanniskirche in einer ruhigen Seitenstraße gelegen. Auf einigen Etagen gibt es eine kleine Küche sowie kostenfreies WLAN.

Jana 14, T. 27 72 14 14 oder 26 55 33 71, www.rednose.lv, Tram 5, 6, 7, 9 Nacionālā opera, DZ 38 €, Mehrbettzimmer ab 14 €/Pers.

Gemeinsames Yoga

Tree House Karte 2, E 4

Dies ist einer der besten Plätze, um Reisende aus der ganzen Welt kennen zu lernen, und eine der ungewöhnlichsten Unterkünfte in Riga. In der Nähe der Nationaloper gelegen, bietet das Haus sowohl Schlafsäle wie auch Privatzimmer. Die minimalistische Einrichtung ist geschmackvoll und vor allem sehr sauber. Geteilt wird hier viel, nicht nur das Gemeinschaftsbad und die Küche, sondern auch das Yogatraining.

Kalķu 11A, 4. Stock, T. 67 30 47 60, www.facebook.com/TreeHouseRiga, Tram 5, 6, 7, 9 Nacionālā opera, DZ 47 €, Schlafsaal 17,50 €/Pers.

EDEL

Kühles Luxusdesign

Hotel Bergs F 4

Schickes Boutique-Hotel in restauriertem Backsteingebäude aus dem 19. Jh., elegante Zimmer in topmodernem Design, afrikanische Kunstwerke kontrastieren mit alten Kaminen. Die Apartments sind auffallend groß, das Restaurant im Haus gehört zu den besten seiner Art in Riga.

Elizabetes 83/85, T. 67 77 09 00, www.hotelbergs.com, Tram 3, 4, 6, 10, 11 Merķeļa iela, Apartments ab 187 €, Frühstück 15 €

Zimmer mit Ausblick

Monika Centrum Hotel D 2

In der prestigeträchtigen Umgebung zwischen den Jugendstilbauten in der Alberta iela und dem romantischen Kronvaldpark befindet sich das Monika Hotel in einem komplett restaurierten Gebäude vom Ende des 19. Jh. Geräumige Zimmer, manche mit Balkon Richtung Park, bequeme Betten und ein reichhaltiges Frühstücksbuffet.

Elizabetes 21, T. 67 03 19 00, www.centrumhotels.com, Tram 6, 7 Ausekļa iel, DZ ab 94 €

Glasbau am Park

Radisson Blu Elizabete Hotel F 3

Der elegante Neubau mit Glasfassade punktet nicht nur mit seiner tollen Lage am Wöhrmanschen Garten, sondern bietet auch eine topmoderne Unterkunft mit relativ geräumigen Zimmern, Sauna, Fitnesscenter und Spa, das allerdings in einem anderen Gebäude untergebracht ist.

Elizabetes 73, T. 67 78 55 55, www.radissonblu.com, Tram 3, 6, 11 Merķeļa iela, DZ ab 124 €

Verschachtelte (T)Räume

Royal Old City Hotel Karte 2, E 4

Sympathisches, relativ neues Boutique-Hotel in einem von Grund auf rekonstruierten Haus inmitten der Altstadt. Modernes Mobiliar, dezente Farben und viel freigelegtes Originalmauerwerk sind Hauptmerkmale der Ausstattung. Es überrascht, wie viel alte Substanz das Gebäude noch enthält.

Teātra 10, T. 67 35 60 60, www.oldcityhotel.lv, Tram 5, 6, 7, 9 Nacionālā opera, DZ ab 80 €

JUGENDSTILIG

Klein und ruhig

Art Hotel Laine E 2

Etwas versteckt im Hinterhof eines Jugendstilgebäudes bei der Parkanlage Esplanāde gelegen, bietet dieses kleine, ruhige Hotel guten Komfort. Die meisten Zimmer haben ein eigenes Bad, in den oberen Stockwerken gewähren einige einen schönen Blick auf die Stadt.

Skolas 11, T. 67 28 98 23, www.laine.lv, Trolleybus 3, 5, 25 Lāčplēša iela, DZ ab 64 €

Topmodern in alter Bausubstanz

Clarion Collection Hotel Valdemars E 3

Bei der Sanierung dieses 1901 erbauten Jugendstilgebäudes haben die skandinavischen Eigentümer viel Wert auf den Erhalt der Bausubstanz gelegt (alte Parkettböden!) und diese mit einer topmodernen Einrichtung verbunden (nur allergiefreie Stoffe!). Im Ergebnis ist daraus ein stimmungsvolles Hotel mit hoher Qualität zu einem akzeptablen Preis geworden. Die exzellente Lage am Jugendstilviertel spricht für sich.

Valdemāra 23, T. 67 33 44 62, www.nordicchoicehotels.com, Trolleybus 3, 5, 25 Mākslas muzejs DZ ab 73 €

Mit Blick auf den Dom

Hotel Neiburgs Karte 2, D 4

2010 eröffnetes Hotel in einem der schönsten Jugendstilbauten in der Altstadt. Bei der Restaurierung des Gebäudes wurden viele Elemente wie Deckenmalereien in mühevoller Kleinarbeit wiederhergestellt. Aus den meisten der 55 Zimmer genießen Sie eine wunderbare Aussicht auf den Dom und die Altstadt. Es steht Ihnen eine Bibliothek und ein Spa zur Verfügung. Im Erdgeschoss empfiehlt sich das gleichnamige Restaurant (► S. 95).

Jauniela 25/27, T. 67 11 55 22, www.neiburgs.com, Tram 2, 4, 5, 10 Grēcinieku iela, DZ ab 182 €

Von wegen nur Bauernküche!

Die lettische Küche hat ihre Wurzeln in der Bauernküche, denn bis ins 19.Jh. hinein lebten die meisten Letten auf dem Land und arbeiteten als Knechte und Mägde auf den großen Gutshöfen. Da sie von morgens früh bis abends spät auf den Feldern schuften mussten, blieb nicht viel Zeit für die Essenszubereitung. Demzufolge waren die Gerichte zumeist einfach und sättigend. Hauptnahrungsmittel war Brot, vor allem Roggenbrot, das bis heute seinen hohen Stellenwert im Speiseplan der Letten nicht verloren hat. Eine wichtige Rolle spielten zudem Milchprodukte, Beeren, Pilze und auch Kartoffeln. Der Pragmatismus, aus wenigen Zutaten schnell ein nahrhaftes Essen zu machen, hat sich bis heute in der lettischen Küche gehalten. Riga kann mit seinem breiten kulinarischen Angebot auch den verwöhntesten Gaumen zufriedenstellen und bietet für jeden Geschmack etwas. Bei aller Vielfalt findet sich aber auch immer traditionelle lettische Küche ganz in der Nähe. Regelmäßig erobern neue Trends die Gastronomieszene. Immer größerer Beliebtheit erfreut sich neuerdings die leichte Thai-Küche, die Köche der gehobenen Restaurants begeistern sich dagegen zunehmend für die Slow-Food-Bewegung. Noch sind die Preise im Verhältnis zum deutschsprachigen Raum recht moderat.

In Riga gibt's richtig gute Küche zu fairen Preisen.

ZUM SELBST ENTDECKEN

Bistros heißen auf Lettisch **kafejnīcas.** Sie sind überall in der Stadt weit verbreitet, am wenigstens allerdings in der Altstadt. Neben Tee, Kaffee und Kuchen gibt es kalte und warme Speisen sowie alkoholische Getränke. Viele Letten kehren während der Mittagspause ins Kafejnīca ein. Die Qualität der Lokale ist höchst unterschiedlich, die meisten haben aber einen recht guten Standard. Die Preise für ein warmes Gericht liegen in der Regel bei 3–5 €. Überall in Lettland entstehen immer mehr **krogs,** am ehesten mit Gaststätten vergleichbar. Im Durchschnitt bieten sie etwas bessere Küche als die Kafejnīcas, sind aber auch meistens etwas teurer.

SO BEGINNT EIN GUTER TAG IN RIGA

Zusehen und probieren

Café Kūkotava F 3

Das Café möchte mit seinem originellen Namen ›Kuckucksuhr‹ wohl Kindheitserinnerungen wachrufen. Wie auch immer, die einsehbare Backstube und die duftenden Kekse und Kuchen regen den Appetit ohnehin an. Dazu gibt es schmackhaften italienischen Kaffee oder eine Tasse Tee.

Tērbatas 10–12, T. 67 28 38 08, www.kukotova.lv, Trolleybus 12, 14, 17 Tērbatas iela, Mo–Fr 8–20, Sa/So 10–18 Uhr

Süße Träume

Rienzi Karte 2, E 4

Die Konditorei ist berühmt für ihre filigranen Köstlichkeiten aus feinster Schokolade, die zum Essen beinah zu schade sind. Besonders lecker ist auch der extrem starke, aber eben auch unwiderstehliche Kakao.

Aspazijas bulvāris 24, T. 67 22 83 33, Tram 5, 6, 7, 9 Nacionālā opera, Mo–Sa 9–22, So 11–20 Uhr

Mehr als nur ein Café

Galerija Istaba F 3

Alte Schaufeln, Arbeitshandschuhe und Reisigbesen sind das Wanddekor an diesem seltsamen, aber reizvollen Ort, der Galerie, Verkaufsraum und Café in einem ist. Unten wird Schmuck und Kunst verkauft, oben im Café genießen Sie die Aussicht auf die Barona iela.

Barona 31A, T. 67 28 11 41, Tram 3, 6, 11 Ģertrūdes iela, Galerie Mo–Sa 12–20, Café So–Do, 12–24, Fr/Sa bis 1 Uhr

Gemütliche Kette

Double Coffee Karte 2, E 4

Die Coffeeshop-Kette unterhält mehrere Filialen in Riga, jedoch in unterschiedlicher Qualität. Das Café Vecrīga in der Altstadt ist aufgrund seiner zentralen Lage manchmal etwas überlaufen, dennoch werden Sie hier, wie in jedem Double Coffee, nicht nur gemütlich Ihren Kaffee oder Tee trinken, sondern auch gut frühstücken. Ich kann Ihnen auch die Cafés in der Tērbatas iela 5, der Strēlnieku iela 1 und in der Valdemāra iela 25 empfehlen.

Vaļņu 11/Kaļķu, T. 67 50 31 99, www.doublecoffee.lv, Tram 5, 6, 7, 9 Nacionālā opera, Mo–Mi 9–1, Do 9–24, Fr/Sa 0–24, So 0–23 Uhr

> **D DRESS-CODE**
>
> In Restaurants, Cafés oder Bars gibt es keine festgeschriebenen Dresscodes zu beachten. Insgesamt legen die Letten jedoch sehr viel Wert auf ein gepflegtes Äußeres, und es wird nicht gerne gesehen, wenn jemand nachlässig gekleidet zu einem Restaurantbesuch erscheint.

Alles zusammen

KID F 3

Bar-Restaurant mit internationaler Küche, großer Salatauswahl und umfangreicher Weinkarte. Hier können Sie aber nicht nur zu Mittag oder Abend essen, sondern ebenso gut frühstücken bzw. brunchen oder auch nur einen Kaffee trinken.

Tērbatas 41/43, T. 20 26 86 86, http://restaurantkid.lv, Trolleybus 12, 14, 17 Ģertrūdes iela, Mo–Do 8–23, Fr 8–24, Sa 10–24, So 10–22 Uhr, ab 8 €

Premium-Back für zwischendurch

Muffins and more F 2

Ob es Sie nun nach einem klassischen Muffin, einem Apfel- oder Heidelbeermuffin, einem mit Schokoladen-, Karamell- oder Vanillecremefüllung gelüstet – alles da und köstlich.

Ģertrūdes 9, T. 67 28 00 28, http://muffinsandmore.eu, Trolleybus 12, 14, 17 Ģertrūdes iela, Mo–Fr 8–20, Sa 10–18, So 11–18 Uhr

Nostalgie pur

Café Mierā F 2

In diesem gemütlichen Café in der hippen Miera iela lässt es sich stundenlang aushalten: Guter Kaffee und selbst gebackene Schokoladen-, Marzipan-,

Karotten- oder Beerenkuchen garantieren kulinarische Gaumenfreuden, es gibt aber auch Fondue und amerikanisches Frühstück. Eine Besonderheit sind Weine aus Schwarzen Apfel- oder Johannisbeeren und Birkensaft.

Miera 9, T. 29 36 02 60, www.facebook.com/KafejnicaMiera, Tram 11 Brīvības iela, Mo–Fr 8–20, Sa/So 10–18 Uhr

In der Welt des Tees

Illuseum F 2

Eigentlich ist es eher ein Tee-Geschäft, das Illuseum in der alternativen Miera iela, denn im Vorderraum befindet sich der Verkaufsraum, in dem Sie Tee aus China, Indien, Japan und Afrika, aber auch aus Lettland erwerben können. Weiter hinten dann lädt ein kleiner Tee-Raum zum Verweilen ein, der mit einem Teppich und mehreren Kissen ausgestattet ist – hier sitzen Sie nämlich auf dem Boden. Eine fast magische Atmosphäre, die nach einer aufregenden Sightseeing-Tour endlich wieder zur Ruhe kommen lässt.

Miera 19, T. 29 72 99 82, www.tea-shop.lv, Tram 11 Laima, Mo–Sa 12–22 Uhr

Künstlerisch günstig

Osīris F 3

Das Osīris ist auf Omeletts spezialisiert, hat aber auch Sandwiches und sogar Hafergrütze im Programm. Nicht nur Frühstücken ist im Vergleich zu anderen Lokalen noch recht günstig, auch die Hauptgerichte sind bezahlbar. Viele Intellektuelle und Künstler kehren hier ein. Im Hintergrund läuft meistens klassische Musik, ein offener Kamin und wechselnde Kunstausstellungen tragen zur einladenden Atmosphäre bei.

Barona 31, T. 67 24 30 02, www.cafeosiris.lv, Tram 3, 6, 11 Ģertrūdes iela, Mo–Fr 8–24, Sa/So 10–24 Uhr, Hauptgericht ab 7,40 €

FLEISCH AM SPIESS

Die osteuropäische Antwort auf Barbecue ist **Schaschlik!** Eigentlich kommt es aus dem Kaukasus, aber zu Sowjetzeiten hat sich der Fleischspieß nach Europa durchgearbeitet. Gekonnt gegrillt und angerichtet, kann Schaschlik hervorragend schmecken. Zahlreiche Restaurants haben das Lieblingsessen vieler Letten in mannigfaltiger Ausführung im Programm. Sie bekommen den Spieß aus Rind, Schwein, Lamm, Fisch, Huhn, Pute, Truthahn und sogar vegetarisch aus Gemüse.

Italien in Lettland

La Kanna E/F 3

Laut Selbstbeschreibung handelt es sich bei La Kanna um ein Café – doch die Auswahl der Gerichte macht klar, dass Sie hier nicht nur frühstücken, Kaffee und Kuchen verköstigen, sondern auch richtig essen gehen können. Der Schwerpunkt liegt dabei auf italienischen und typisch lettischen Gerichten, die offene Küche und alte restaurierte Möbel vermitteln eine elegante, aber familiäre Atmosphäre.

Tērbatas 5, T. 67 28 68 67, www.lakanna.lv, Trolleybus 12, 14, 17 Tērbatas iela, Mo–Fr 9–22, Sa 10–22, So 10.30–14.30 Uhr, 6–9 €

WO ESSEN AUF NACHHALTIGKEIT TRIFFT

Fahrrad-Café

Miit Coffee E 2/3

Ob morgens, zur Mittagszeit oder am Abend: Im Miit bekommen Sie immer etwas Passendes zu essen. Klasse Kaffee ist ebenso selbstverständlich wie vegetarische Speisen, und falls Sie noch ein Fahrrad aus hauseigener Produktion erwerben möchten, gehen Sie einfach eine Treppe nach unten. Am Wochenende mutiert das Café zum Musikclub, und samstagvormittags wird zwischen 11 und 16 Uhr zum großen Pfannkuchenessen eingeladen.

Lāčplēša 10, T. 28 89 13 51, www.miit.lv, Mo 7–21, Trolleybus 12, 14, 17 Ģertrūdes iela, Di–Do 7–23, Fr 7–1, Sa 9–23, So 11–18 Uhr, ab 6 €

In der Black Magic Bar bekommen Sie Cocktails aus Kräuterlikör und guten Kuchen.

Provence im Holzhaus

Fazenda E 2

In diesem urgemütlichen Restaurant in einem restaurierten Holzhaus bekommen Sie von morgens bis abends gutes Essen – sei es ein Frühstück, ein Snack, Kaffee und Gebäck zum Nachmittag oder ein feines Abendessen. Blumentapeten und frische Schnittblumen erzeugen eine provenzalische Atmosphäre.

Baznīcas 14, T. 67 24 08 09, www.fazenda.lv, Trolleybus 12, 14, 17 Ģertrūdes iela, Mo–Fr 9–22, Sa 10–22, So 11–22 Uhr, 7–10 €. Ein weiteres Restaurant gibt es auf der anderen Seite der Daugava (Düna) in der Nometņu iela 7, T. 67 61 61 96, Mo–Fr 9–22, Sa 10–22, So 11–22 Uhr

Veganes Flagschiff

Raw Garden E 3

Das kleine, knallgrün gestrichene Bistro-Restaurant im Souterrain eines Jugendstilhauses war einst das erste vegane Restaurant in Riga. Natürlich gibt es hier laktose- und glutenfreie Speisen, die nicht auf mehr als 46 Grad erhitzt werden. Milch, Fisch und Zucker werden Sie hier vergebens suchen.

Skolas 12, T. 22 78 04 89, www.rawgarden.lv, Trolleybus 3, 5, 25 Lāčplēša iela, Mo–Fr 8.30–21, Sa 12–21, So 11–19 Uhr, 8 €. Eine weitere, 2016 eröffnete Filiale gibt es in der Kr. Barona iela 21 in der Neustadt, T. 24 40 03 70, Mo–Fr 8–21, Sa 11–21, So 11–19 Uhr

Asiatisch-vegetarisch

StockPot F 2

Das Bistro-Restaurant im Souterrain eines Wohnhauses bei der alten Gertrudenkirche erfreut sich bei Rigaern überaus großer Beliebtheit, die hier vor allem zur Mittagszeit einkehren. Die täglich wechselnde Karte mit asiatischen Gerichten gibt es in verschiedenen Größen, einige von ihnen sind vegetarisch oder vegan, viele mit Curry und relativ scharf, aber auf jeden Fall immer frisch zubereitet.

Ģertrudes 6, T. 27 83 21 65, www.stockpot.lv, Trolleybus 12, 14, 17 Ģertrūdes iela, Mo–Fr 11–20.30 Uhr, 6–8 €

Regional und saisonal

Valtera Restorāns Karte 2, D 4

Das kleine, feine Restaurant ist in einer ruhigen Seitenstraße der Altstadt gelegen und möchte nach eigenen Angaben »das Land in die Stadt bringen«. Alle Produkte bis auf Salz, Pfeffer und Kaffee kommen aus von lettischen Bauernhöfen, serviert wird nicht auf gewöhnlichen Tellern, sondern auf lettischen Holzplatten, Steinen oder Tongeschirr.

Miesnieku 8, T. 29 52 92 00, www.valterarestorans.lv, Tram 2, 4, 5, 10 Grēcinieku iela, tgl. 12–22 Uhr, 10–15 €

Indisch-vegetarisch

Rāma F 3

Das im Harekrishna-Zentrum untergebrachte Bistro-Restaurant ist vor allem bei jüngeren Leuten sehr beliebt, da die Preise im Verhältnis zu anderen vegetarischen Restaurants relativ günstig sind. Es werden vor allem indische Gerichte serviert, die meisten sind vegetarisch, manche sogar vegan, viele Rigaer kommen zur Mittagszeit hierher.

Kr. Barona 56, T. 67 27 24 90, Tram 3, 6, 11 Ģertrūdes iela, Mo–Fr 10–20, Sa/So 11–19.30 Uhr

Kunst und Kulinarik

DAD Café F 2

Dieses Galerie-Café wird von einer Dame geleitet, die zu den Gründern der sogenannten ›Freien Republik Miera iela‹ gehört. Einige Künstler oder Fotografen stellen ihre Arbeiten im Café aus, das mit Sofas und einfachen Stühlen ausgestattet ist. Angeboten werden nicht nur Tee, Kaffee und Kuchen, sondern auch einige vegetarische Speisen.

Miera 17, T. 67 37 44 70, www.dadcafe.lv, Tram 11 Laima, Mo–Sa 12–21 Uhr, 5–7 €

INSTITUTIONEN UND SZENETREFFS

Litauisch und lettisch

Milda F 4

Obwohl etwas versteckt und abgelegen in den Upīša-Passagen der Neustadt untergebracht, erfreut sich dieses relativ neue familiengeführte Restaurant immer größerer Beliebtheit. Das liegt sicher an den verhältnismäßig günstigen Preisen für Gerichte, die hohen Ansprüchen genügen sollten. Die kleine Karte bietet auch internationale Küche, vor allem aber typische Speisen aus Lettland und Litauen an. Da es nur zehn Tische gibt, sollten Sie unbedingt vorher reservieren. Möglicherweise zieht das Restaurant bald in die Altstadt um, also besser vorher nochmal nachfragen, ob die Adresse noch stimmt ...

Dzirnavu 113a–103, T. 25 14 21 39, www.facebook.com/mildariga, Bus 13, 22 bis Dzirnavu iela, Di–So 12–23 Uhr, 12 €

Weit über die Landesgrenzen hinaus bekannt: das Vincents

Lettisch-europäisch

Čemodāns F 3

Das kleine Restaurant, unauffällig im Souterrain in einer Seitenstraße der Neustadt gelegen, serviert lettische sowie europäische Küche in bester Qualität. Es gibt einige vegetarische Gerichte, aber auch Fisch und klassische Fleischgerichte wie beispielsweise Steaks. Die Einrichtung gleicht im vorderen Teil eher einem Café und im hinteren Teil einem klassischen Restaurant mit recht kleinen Tischen und einigen Sofas und Sesseln. Reservierung empfehlenswert!

Ģertrūdes 39, T. 67 31 50 50, www.facebook.com/restoranscemodans, Tram 3, 6, 11 Ģertrūdes iela, tgl. 11–24, So 12–24 Uhr, 12 €

Mediterranes Flair

Riviera E 2

Das elegante Restaurant mit provenzalischem Interieur im Jugendstilbezirk Rigas bietet mediterrane Küche mit verhältnismäßig großen Portionen bei einem guten Preis-Leistungs-Verhältnis. Besonders empfehlenswert sind Fisch und die einem Holzofen zubereiteten Meeresfrüchte. Kostenlos dazu bekommen Sie frisch gebackenes Brot und Tafelwasser.

Dzirnavu 31, T. 26 60 59 30, www.rivierarestorans.lv, Bus 2, Trolleybus 19 Medicīnas muzejs, tgl. 11–23 Uhr, ab 12 €

Promitreff der Extraklasse

Vincents D 2

Das vielfach ausgezeichnete Restaurant ist eine feste Größe in der Rigaer Szene. Es befindet sich nahe der Alberta iela, Rigas schönster Jugendstilstraße. Die Einrichtung ist modern, aber nicht kühl. Küchenchef Mārtiņš Rītiņš ist einer der Vorreiter der Slow-Food-Bewegung in Lettland und kombiniert internationale Gourmetküche mit lettischer Tradition. Gerne kehren auch Prominente aus aller Welt hier ein. Reservieren!

Elizabetes 19, T. 67 33 28 30, www.restorans.lv, Tram 6, 7 Ausekļa iela, Mo–Sa 18–22 Uhr, ab 24 €

Einfach Extraklasse

Bergs F 4

Schon allein die Desserts wären einen Besuch im eleganten Restaurant des Hotels Bergs wert. Aber auch sonst sind die einfallsreichen Speisen hervorragend und enttäuschen nie. Die Karte ist übersichtlich: Ein Dutzend Hauptspeisen – von Zanderfilet bis Entenrücken – reichen, um zu überzeugen. Unbedingt vorher reservieren!

Im gleichnamigen Hotel im Berga bazārs, Elizabetes iela 83/85, T. 67 77 09 57, Tram 3, 4, 6, 10, 11 Merķeļa iela, www.hotelbergs.com, Mo–Sa 12–23 Uhr, ab 15 €

Lettisch verfeinert

Neiburgs Karte 2, D 4

Innerhalb kürzester Zeit hat sich das Restaurant im Erdgeschoss des gleichnamigen Hotels zu einem der beliebtesten Lokale in Riga gemausert. Das Interieur mit Designerlampen über kleinen weiß gedeckten Tischen überzeugt ebenso wie die von Küchenchef Sandis Brūzas gekonnt verfeinerten lettischen Spezialitäten, die zu durchaus moderaten Preisen angeboten werden.

Jauniela 25/27 (im Hotel Neiburgs), T. 67 11 55 44, www.neiburgs.com, Tram 2, 4, 5, 10 Grēcinieku iela, tgl. 11–23 Uhr, ab 12 €

BÄUERLICHES LETTLAND ALS MASCHE

Jeder Lette kennt die Geschichte von Gunārs Kīrsons, der es vom Barkeeper zum Multimillionär gebracht hat. Die von ihm begründeten **Selbstbedienungsrestaurants** sind die lettische Antwort auf die internationalen Fastfoodketten. Bei allen Filialen ist das Ambiente ähnlich: eine Imitation des ländlichen Lettland mit rustikalen Holztischen und Volksmusik aus der Konserve. Flaggschiff der Kette ist das **Lido-Erholungszentrum** (Lido Atpūtas centrs). Es wurde in einem der größten Rundholzblockbauten des Baltikums, an den eine große dekorative Windmühle angebaut wurde, eingerichtet. Über 500 lettische Speisen und Gerichte aus Lettland und auch aus den ehemaligen Sowjetrepubliken können Sie probieren und dazu herrliches, frisch gebrautes Bier trinken. Wenn Sie hier gegessen haben, können Sie guten Gewissens behaupten, einen groben Überblick über die lettische Küche gewonnen zu haben. Damit auch Kindern und Jugendlichen nicht langweilig wird, wurde außerhalb ein großer Vergnügungspark mit Rollschuhbahn geschaffen.

Krasta 76, T. 67 50 44 20, www.lido.lv, Tram 3, 7, 9 oder Bus 12 Atpūtas centrs Lido, tgl. 11–23 Uhr, 3–6 €

Pizza elegant

Monterosso Karte 2, E 4

Italienische Küche in einem wunderschönen Jahrhundertwendebau, das Ambiente ist klassisch-elegant. Ich empfehle Ihnen besonders die großen, dünnen Pizzen.

Vaļņu 9, T. 67 50 71 70, www.monterosso.lv, Tram 5, 6, 7, 9 Nacionālā opera, tgl. 12–24 Uhr, Pizza ab 10 €

Lettische Hausmannskost

Alus Sēta Karte 2, D 4

(▶ S. 30)

Bäuerliche Küche

Dzirnavas F 3

Das Selbstbedienungsrestaurant ist wie alle Filialen der Lido-Gruppe in bäuerlich-ländlichem Stil eingerichtet, hier dreht sich alles um Windmühlen. Die Auswahl der Speisen ist enorm groß. Viele Letten, die in der Nähe arbeiten, essen im Dzirnavas zu Mittag. Vormittags ist es dagegen sehr ruhig und wird alles gerade frisch zubereitet.

Dzirnavu 74/76, T. 67 28 42 28, www.lido.lv, Tram 3, 6, 11 Dzirnavu iela, Mo–Sa 10–21, So 11–21 Uhr, 3–6 €

Lettische Vielfalt

Vērmanītis E 3

Auch dieses Selbstbedienungsbistro der Lido-Kette direkt am Wöhrmannschen Garten (Vērmanes dārzs) bietet eine große Auswahl lettischer Spezialitäten. Alles wird frisch zubereitet. Zur Mittagszeit ist das Lokal meistens brechend voll, dann sollten Sie es vielleicht besser meiden.

Elizabetes 65, T. 67 28 62 89, www.lido.lv, Trolleybus 12, 14, 17 Tērbatas iela, Mo–Sa 9–22, So 10–21 Uhr, 3–6 €

EXPERIMENTIERFREUDIG UND UNGEWÖHNLICH

Wein ohne Ende

Vīna Studija E 2

In diesem schlicht gehaltenen, aber feinen Bistro in Rigas Jugendstilbezirk spielt das Essen nur die zweite Geige. Im Vordergrund stehen ganz klar die Weine aus aller Welt, von denen es eine riesige Auswahl gibt. Im angeschlossenen Bistro-Shop können Sie auch einfach nur eine Flasche Wein kaufen und sie gleich an der Bar trinken und dazu vielleicht noch Tapas bestellen.

Elizabetes 10, T. 67 28 32 05, www.vinastudija.lv, Bus 2, Trolleybus 19 Medicīnas muzejs, 6–10 €

Schnell und preiswert

Pelmeņi XL Karte 2, E 4

Große Portionen zu kleinen Preisen: Die Auswahl beschränkt sich auf unterschiedlich gefüllte Pelmeņi, Teigtaschen, die gerne mit Sauerrahm verzehrt werden. Von Vorteil sind die langen Öffnungszeiten und die zentrale Lage.

Kaļķu 7, T. 67 22 27 28, www.xlpelmeni.lv, Tram 5, 6, 7, 9 Nacionālā opera, Mo–Fr 9–4, Sa/So 10–4 Uhr, 2–5 €

Echtes Mittelalter

Rozengrāls Karte 2, D 4

Das Restaurant ist in einem schönen Gewölbekeller untergebracht, der schon 1293 als Weinkeller bzw. für Feierlichkeiten des Rathauses genutzt wurde. Heute serviert hier mittelalterlich gekleidetes Personal Speisen aus jener Zeit: Reh, Hirsch, Hase und Wildtaube. Ganz köstlich ist auch das gebackene Entenbein mit Kirsch- und Zwiebelmarmelade. Daneben gibt es Fischgerichte und auch vegetarische Menüs.

Rozena 1, T. 67 22 47 48, www.rozengrals.lv, Tram 2, 4, 5, 10 Grēcinieku, tgl. 12–24 Uhr, ab 17 €

Koscher

7:40 E 3

Das kleine, preisgünstige Kellercafé im Souterrain des Jüdischen Zentrums ist recht schlicht eingerichtet, aber trotzdem gemütlich. Das liegt vor allem an der überaus freundlichen und familiären Atmosphäre, die die Mitarbeiter verbreiten. Das 7:40 ist derzeit das einzige Lokal in der ganzen Stadt, das koscheres Essen anbietet. Gesprochen wird hier vor allem Russisch.

Lettisch, unkompliziert, zentral: das Alus sēta beim Domplatz

Skolas 6, Eingang von der Dzirnavu iela, T. 67 30 54 43, www.facebook.com/7.40riga, Bus 3, 5, 25 Mākslas muzejs, Mo–Do 10–22, Fr 10 Uhr bis Sonnenuntergang, So 12–19 Uhr, 5–8 €

Feine Spezialitäten

International SV G 1

Wenngleich etwas abgelegen, lohnt sich der Besuch in diesem stylisch und modern eingerichteten Restaurant, um feinste internationale Spezialitäten zu probieren. Das Niveau ist phänomenal, neue Geschmackserlebnisse höchstwahrscheinlich. Die essbaren Kunstwerke erhalten ihre Inspiration vor allem aus der asiatischen, lettischen, russischen, französischen und der italienischen Küche. Eine Fahrt mit dem Taxi von der Altstadt bis zum Restaurant kostet etwa 5–7 €.

Hospitāļu 1, T. 67 49 12 12, www.internationalsv.lv, Tram 11 Mēness iela, Mo–Fr 10–23, Sa 11–23, So 11–22 Uhr. Hauptgericht 10–30 €

Afrikanisch

Kilimanjaro Karte 2, E 4

In dem in warmen Brauntönen gehaltenen Restaurant wird afrikanische mit europäischer Küche kombiniert. Und dazu passend gibt's Weine aus Südafrika.

Raiņa bul. 21, T. 27 72 44 37, www.kilimanjaro.lv, Bus 1, Trolleybus 3 Inženieru iela, Mo–Sa 12–23, So 14–23 Uhr, ab 12 €

Knoblauch ohne Ende

Ķiploku krogs Karte 2, D 4

Hier steht einem romantischen Dinner zu zweit mit viel Knoblauch nichts im Wege, im Gegenteil: Jedes angebotene Gericht gibt es mit Knoblauch, selbst Desserts und Getränke sind damit gewürzt, etwa Knoblaucheis oder Knoblauchwodka.

Jēkaba 3/5, Eingang Mazā Pils, T. 67 21 14 51, www.kiplokukrogs.lv, Tram 5, 6, 7, 9 Nacionālais teātris, Mo–Sa 12–23, So 13–23 Uhr, um 9 €

Tolle Lage und gute Preise

Domini Canes Karte 2, E 4

Nicht nur die zentrale Lage direkt an der Johanniskirche und der Petrikirche lockt die Besucher ins Domini Canes, sondern auch die ansprechende Qualität der internationalen Küche sowie das relativ gute Preis-Leistungs-Verhältnis. Das angenehm beruhigende Interieur bietet die perfekte Kulisse, um bei einem Glas Wein den Tag ausklingen zu lassen.

Skārņu 18/20, T. 22 31 41 22, http://dominicanes.lv, Tram 5, 6, 7, 9 Nacionālā opera, 9 €

Leinen, Leder, Lieder

Man sollte meinen, dass sich eine Stadt wie Riga nach der Einführung der Marktwirtschaft schnell zum Shoppingmekka des Nordens entwickelt haben müsste. Tatsächlich gibt es eine große Auswahl an Geschäften, aber eine echte Ladenmeile, in der man z. B. die weltweit führenden Modemarken kaufen könnte, sucht man vergebens. In Riga bieten sich vor allem lokale Produkte oder osteuropäische Waren an, die teilweise noch relativ günstig sind.

Die meisten interessanten Geschäfte gibt es nach wie vor in der Altstadt, doch gerade in der Neustadt, vor allem rund um die Elizabetes und die Brīvības iela, finden sich immer häufiger sehr individuelle Läden, die sich auf ausgesuchte Produkte, wie Biokosmetik, Holzspielzeug oder esoterische Literatur, spezialisiert haben.

Dass es im Baltikum die größten Bernsteinvorkommen gibt, dürfte den meisten Besuchern bekannt sein. Und so kann es kaum verwundern, wenn in Riga an beinahe jeder Straßenecke Bernsteinprodukte angeboten werden. Allerdings ist die Qualität und Herkunft manchmal zweifelhaft. Es gibt ja auch den aus kleinen Bernsteinstücken hergestellten Pressbernstein oder den künstlichen Polybernstein. Besonders hübsch und qualitativ sehr hochwertig ist das gesamte Spektrum lettischen Kunsthandwerks, etwa Keramik, Lederartikel und Woll- bzw. Leinenwaren.

Hochwertige Stoffe, noch per Hand gewebt

ZUM SELBST ENTDECKEN

Die meisten für Touristen interessante Geschäfte befinden sich nach wie vor in der Altstadt. Das größte Shoppingcenter ist hier das **Galerija Centrs** (► S. 99) mit einer großen Auswahl preisgünstiger Modegeschäfte. Dort beginnt auch die **Audēju iela** mit einigen Designer-Shops. Die **Kaļķu iela** ist dagegen mehr Flanier- als Einkaufsmeile. In deren Querstraße, der **Vaļņu iela,** finden sich immer mehr Boutiquen mit internationaler Designermode. Souvenirshops und Antiquitätengeschäfte gibt es überall in der Altstadt, etwa in der **Skarņu iela,** vor allem in der **Tirgoņu iela** und in der von ihr abgehenden **Laipu iela.** Hochwertigen Bernsteinschmuck werden Sie u. a. in der **Torņa iela** finden.

SCHRIFT UND TON

Bücher und Schreibwaren 1
Jānis Roze F 3
Die größte Buchhandlungskette Lettlands verkauft Bücher aller Art und Schreibwaren.
K. Barona 5, T. 67 28 42 88, www.janisroze.lv, Tram 3, 6, 11 Merķeļa iela, Mo–Fr 10–20, Sa 10–19 Uhr; Filiale: Galerija Centrs, Audēju 16, tgl. 10–21 Uhr

Schmökern bei Jānis Roze

Bücher und Schreibwaren 2
Valters & Rapa Karte 2, E 4
Große Buchhandlung mit einer großen Auswahl an lettischer und russischer sowie englisch- und deutschsprachiger Literatur. Im Untergeschoss gibt es eine Schreibwarenhandlung.
Aspazijas bulvāris 24, T. 67 22 74 82, www.valtersunrapa.lv, Tram 5, 6, 7, 9 Nacionālā opera, Mo–Fr 9–20, Sa 10–20, So 11–17 Uhr

Landkarten und Stadtpläne
Jāņa sēta F 4
Der bedeutendste Kartenverlag Lettlands bietet Ihnen eine außerordentliche Auswahl an Landkarten und Stadtplänen, Reise- bzw. Stadtführern und Bildbänden.
Elizabetes 83/85, T. 67 24 08 94, www.mapshop.lv, Tram 3, 6, 11 Merķeļa iela, Mo–Fr 10–19, Sa 10–17 Uhr

Musik für alle
Randoms Karte 2, D/E 4
Rigas größter CD-Laden bietet eine gute Auswahl von Klassik bis Hip-Hop. Fürs Reinhören stehen mehrere Abspielgeräte bereit.
Kaļķu 4, T. 67 22 52 12, www.randoms.lv, Tram Grēcinieku iela oder Nacionālā opera, Mo–Sa 10–21, So 12–20 Uhr

Lettische Volksmusik
Upe Karte 2, E 4
Hervorragend sortierter Laden mit der wohl größten Auswahl lettischer Volksmusik bzw. Weltmusik, dazu alte sowjetischer Aufnahmen, Klassik, Schlager, Jazz und Filmmusik, auch Schallplatten und DVDs. Und um das Glück perfekt zu machen, können Sie hier noch eine gute Flasche Wein kaufen.
Vaļņu 26, T. 67 20 55 09, www.upe.lv, Tram 5, 6, 7, 9 Nacionālā opera, Mo–Sa 10–21, Sa 11–18 Uhr

DELIKATESSEN UND LEBENSMITTEL

Nicht ohne Bio
Biotēka Karte 2, D 4
Lettlands erster Bioladen verkauft biologisch angebaute Lebensmittel, Kosmetik und Reinigungsmittel.
šķūņu 12/14, T. 29 90 42 54, www.bioteka.lv, Tram Grēcinieku iela oder Nacionālā opera, Mo–Fr 10–19 Uhr; Filialen, z. B. Barona 24

Shopping in der Altstadt
Galerija Centrs Karte 2, E 4
Das zentralste und älteste Kaufhaus der Stadt wurde gründlich erneuert. Vis-à-vis sorgte ein zusätzliches Gebäude für mehr Platz, die Straße dazwischen wurde überdacht. Mit Rimi-Supermarkt und zahlreichen trendigen Shops und Cafés.
Audēju 16, Vecrīga, www.galerijacentrs.lv, Tram 5, 6, 7, 9 Nacionālā opera, tgl. 10–21, Rimi 8–22 Uhr

Delikatessen auf die Hand
Gastronome H/J 7
Ein Paradies für Gourmets: Sie finden hier die besten Lebensmittel aus ganz Lettland und können alles gleich vor Ort verköstigen. Kleine Edelimbisse zerstreuen die letzten Zweifel an der hohen Qualität der Gastronomie-Produkte.
Brīvības 31 (im Radisson Blu Hotel Latvija), Trolleybus 12, 14, 17 Tērbatas iela, Mo–Sa 10–21, So 10–19 Uhr

Nicht nur vor der Johanniskirche bieten Straßenhändler ihre Waren an.

Shopping am Bahnhof

Origo F 4

Das Shoppingcenter im Hauptbahnhof ist natürlich vor allem für Reisende bequem. Neben einem Rimi-Supermarkt gibt es auf drei Etagen eine Vielzahl kleiner Geschäfte, einige Restaurants und Schnellimbisse.

Stacijas laukums 2, www.origo.lv, Bus Stacijas laukums, tgl. 10–21, Rimi-Supermarkt 7–24 Uhr

Essbarer Bernstein

Pienene Karte 2, D 4

In diesem Shop mit angeschlossenem Café finden Sie neben zahlreichen original lettischen Produkten wie Keramik und Kosmetik auch Mitbringsel, wie essbaren Bernstein aus Quitte, Sanddorn, Preiselbeeren oder Roggenmalz.

Kungu 7/9, T. 67 21 04 00, www.studijapienene.lv, Tram 2, 4, 5, 10 Grēcinieku iela, Mo–Sa 10–20 Uhr

Leckeres Einkaufen

Stockmann Karte 2, E 4

Dieser Department Store neben dem Hauptbahnhof lockt mit einer der besten Lebensmittelabteilungen der Stadt. In den oberen Stockwerken befindet sich eine große Bekleidungsabteilung mit vielen internationalen Marken.

13. janvāra 8, www.stockmann.lv, Bus und Trolleybus Autoosta, tgl. 9–22 Uhr

Reiner Honig

Honey Room Karte 2, E 4

Der kleine Honigshop direkt neben der Petrikirche hat neben etwa einem Dutzend Sorten lettischen Honigs auch Bienenwachskerzen und andere Nebenprodukte im Angebot.

Pēterbaznīcas 17, T. 67 22 43 55, www.daugmalesmedus.lv, Tram 2, 4, 5, 10 Grēcinieku iela, tgl. 10–19 Uhr

FLOH- UND STRASSENMÄRKTE

Bioprodukte und Kunsthandwerk

Bergs-Basar Kunsthandwerker- und Biomarkt F 4

In den Sommermonaten findet auf dem Gelände des Bergs-Basars (► S. 54) jeden Samstag ein Kunsthandwerker- und ein Bauernmarkt statt. Wunderbare Umgebung, tolle Produkte. Wenn Ihnen der Weg zum Markt beim Kalnciema-Quartier (s. u.) zu weit ist, sollten Sie zum Bergs-Basar kommen.

Dzirnavu 83/85, www.bergabasars.lv, Tram 3, 6, 11 Merķeļa iela, Sa 10–16 (nur im Sommer, sicherheitshalber vorher informieren)

Bio, Kunst und viele Leute
Kalnciema-Quartier A 5

Der wohl beliebteste Straßenmarkt Rigas findet auf dem Gelände des Kalnciema-Quartiers statt (► S. 82): hochwertige Lebensmittel aus ganz Lettland, aber auch Schmuck, Kleidung, Holzspielzeug und viele andere Dinge.

Kalnciema 35, www.kalnciemaiela.lv, Bus 22, 32, 35, 43, 53 Melnsila iela, Sa 10–16 Uhr

Kuriose Fundstücke
Latgale-Markt F 5

Auf dem Latgale-Flohmarkt werden Sie fündig, wenn Sie alte technische Gegenstände suchen. Mit Glück finden Sie hier Dinge, die es nirgendwo anders mehr gibt oder wohlmöglich deutlich mehr kosten würden. Es ist aber ein Markt, auf dem auch Hehlerware angeboten wird und der deshalb mit Vorsicht zu genießen ist (► S. 65).

Firsa Sadovņikova 9, Trolleybus 14, 15, 17, 19, 20, 24 Dzirnavu iela, Di–So 8–17 Uhr

Familiärer Flohmarkt
Flohmarkt im Speicherviertel E 5

Von April bis Juni finden auf dem großen Platz im Speicherviertel bzw. an der Uferpromenade (Spīķeri, ► S. 65) jeden Samstag ein Flohmarkt statt, auf dem Sie die üblichen Dinge erwerben können: getragene Kleidung und gelesene Bücher, antike Gegenstände, aber auch neue Designerprodukte.

Maskavas 6, www.spikeri.lv, Tram 2, 3, 4, 7, 9, 10 Maskavas iela, April–Ende Juni Sa 11–16 Uhr (am besten vorher informieren)

GESCHENKE, DESIGN, KURIOSES

Handgewebte Stoffe
Ars Tela Karte 2, D 4

Das von einer Lettin und einem Deutschen geführte Unternehmen produziert und verkauft die wohl besten handgewebten Stoffe Lettlands. In dem kleinen Shop in der Altstadt können Sie die verarbeiteten Produkte erwerben.

Smilšu 18, T. 67 33 45 45, www.arstela.lv, Tram Nacionālais teātris, Trolleybus 2, 11, 13, 24, 30, 57 Brīvības bulvāris, Juni–Aug. tgl. 10–18, sonst Mo–Sa 10–18 Uhr

Jugendstil zum Mitnehmen
Art Nouveau Riga D/E 2

Der einzige Souvenirshop Rigas, der sich ausschließlich dem Thema Jugendstil widmet. Von Miniaturausgaben der attraktivsten Häuserfassaden, Seidentüchern, Postkarten und Büchern bis hin zu originalen Möbeln ist hier fast alles zu haben, was mit Rigas produktiver Jugendstil-Epoche zu tun hat. Passenderweise befindet sich der Shop nahe der Alberta iela, der eindrucksvollsten Jugendstilstraße Rigas.

Strēlnieku 9, T. 67 33 30 30, www.artnouveauriga.lv, tgl. 10–18 Uhr

Seifen scheibenweise
Stenders Karte 2, D 4

Angefangen hat es 2001, als Jānis Bērziņš und Zane Dreimane in Riga einen Shop eröffneten und handgemachte Seife, die in Scheiben geschnitten wurde, verkaufen ließen. Ein Riesenerfolg, der dazu führte, auch in Deutschland Geschäfte zu eröffnen. Mittlerweile ist Stenders ein weltweit agierendes Kosmetikunternehmen mit einer breiten Palette von Körperpflege-Produkten.

Laipu 1, T. 67 21 72 12, www.stenders-cosmetics.de, Tram 5, 6, 7, 9 Nacionālais teātris, Mo–Sa 10–20, So 10–19 Uhr

Tradition trifft Moderne
Galerie Etmo Karte 2, D 4

Sammlung von sorgfältig ausgewählten Kunstprodukten lettischer Handarbeiter, in denen sich traditionelle Kunst mit modernem Design verbindet.

Arsenāla 7, www.etmo.lv, Tram 5, 6, 7, 9 Nacionālais teātris, Mo–Sa 11–18, So 11–17 Uhr

Lettische Naturkosmetik
Mādara Skin Café Karte 2, E 4

Die Produkte dieses lettischen Unternehmens werden aus Pflanzen aus dem Baltikum hergestellt. Sie sind hautschonend und vielfach ausgezeichnet.

Audēju 16 (Galerija Centrs), T. 67 22 40 49, www.madaracosmetics.de, www.skincafe.lv, Tram 5, 6, 7, 9 Nacionālā opera, tgl. 10–21 Uhr

Alles fürs Haus

Riija F 3

Dieses elegante Geschäft bietet in Lettland produzierte und modern gestylte Bettwäsche, Kleidung, Tischdecken und Handtücher aus Leinen an, aber auch Glasprodukte, Keramik, Accessoires, originelle Möbel und Lampen.

Tērbatas 6/8, T. 67 28 48 28, www.riija.lv, Trolleybus 12, 14, 17 Tērbatas iela, Mo–Fr 10–19, Sa 10–17 Uhr

Trachten und mehr

Senā klēts Karte 2, E 4

Lettische Volkstrachten modisch oder traditionell, beides ist hier neben üblichen Andenken wie Bernsteinschmuck, Tisch- und Wolldecken zu haben.

Rātslaukums 1, T. 67 24 23 98, www.senaklets.lv, Tram 2, 4, 5, 10 Grēcinieku iela, Mo–Fr 10–19, Sa/So 11–18 Uhr

Kunsthandwerk aus den Provinzen

Tīnes Karte 2, E 4

Eine Fülle von Arbeiten aus allen Provinzen Lettlands wie Wollhandschuhe, Hüte, Bernsteinschmuck, Keramik und andere Souvenirs.

R. Vāgnera 5, T. 67 21 10 09, www.tines.lv, Tram 5, 6, 7, 9 Nacionālā opera, Mo–Sa 11–19, So 11–16 Uhr

Instrumente und CDs

Upe Karte 2, E 4

Volksmusik aus aller Welt und lettische CDs sowie Verkauf von traditionellen lettischen Instrumenten und Souvenirs.

R. Vāgnera 5, T. 26 80 01 30, www.upett.lv, Tram 5, 6, 7, 9 Nacionālā opera, Mo–Fr 11–19, Sa 11–16 Uhr

Design aus Lettland

M50 F 2

In der hippen Miera iela gelegen (► S. 57), bietet das M50 (das ursprünglich in der Miera iela 50 seine Räume hatte, daher der Name), Kleidung, Schmuck, Accessoires und Smartphonehüllen von lettischen Designern an. Über den Webshop können Sie online einkaufen.

Miera 17, T. 24 11 59 90, https://m50.lv, Tram 11 Laima, Mo–Fr 11–19, Sa 11–16 Uhr

MODE UND ACCESSOIRES

Street Fashion

Bang Bang Karte 2, E 4

Wenn Sie Streetwear mögen, sind Sie hier genau richtig. In diesem Shop mit integriertem Café gibt's Klamotten renommierter Hersteller wie Element, Nixon, Vans oder Volcom. Darüber hinaus sind hier auch Kunstausstellungen anzuschauen.

Kalēju 18/20, T. 67 22 36 87, www.bangbangshop.lv, Tram 5, 6, 7, 9 Nacionālā opera, Mo–Sa 10–19, So 10–18 Uhr

Russische Couture

Chapurin Karte 2, D 4

Die Kollektionen des bekannten russischen Modedesigners Chapurin haben in den letzten Jahren sämtliche wichtigen Laufstege dieser Welt erobert. Er gilt als eines der größten Talente in der internationalen Modeszene. Seine Kreationen sind stilvoll, elegant und würdevoll.

Jēkaba 3/5, T. 67 22 88 62, www.chapurin.com, Tram 5, 6, 7, 9 Nacionālais teātris, Mo–Fr 11–19, Sa 11–17 Uhr

Individuelle Schuhe

Elina Dobele Karte 2, E 4

Jedes dieser hochwertigen und handgemachten Paar Schuhe ist hier ein Unikat und wird nur einmal entworfen und hergestellt. Bei den Entwürfen gibt es keine kreativen Grenzen, mutig werden neue Form- und Farbkombinationen ausprobiert.

Vaļņu 12, T. 22 30 11 97, http://elinadobele.com, Tram 5, 6, 7, 9 Nacionālā opera, Mo–Fr 11–19, Sa 11–18 Uhr

Lettischer Chic

Fashion Boutique KLASE F 4

Dass in dieser Boutique die talentiertesten Modedesigner Lettlands ihre Sachen anbieten, gewährt einen tollen Überblick über die aktuelle lettische Modeszene.

Dzirnavu 83/85 (Bergs-Basar), T. 27 79 16 35, www.modesklase.lv, Tram 3, 6, 11 Merķeļa iela, Mo–Sa 10–19 Uhr

Mall in der Neustadt

Galleria Riga E/F 3

In der Shoppingmall Galleria Riga gibt es zahlreiche Modegeschäfte und auch Cafés auf der Dachterrasse, von der Sie einen tollen Ausblick auf das Zentrum genießen (► S. 54).

Dzirnavu 67, T. 67 30 70 00, http://galleriariga.lv, Trolleybus 12, 14, 17 Ģertrūdes iela, Mo–Sa 10–21, So 10–20 Uhr

Selbstgestricktes

Hobbywool Karte 2, D 4

In diesem netten Laden bekommen eifrige Stricklieseln alle Zutaten, die sie brauchen.

Mazā pils 6, T. 27 07 27 07, www.hobbywool.com, Tram 5, 6, 7, 9 Nacionālais teātris, Mo–Fr 10–19, Sa 11–17, So 11–15 Uhr

Stilvolle Unterwäsche

Lauma Lingerie Karte 2, E 4

Lettische Frauen achten sehr auf ihr Äußeres. Wen würde es da wundern, wenn sie nicht auch alle einen Lieblingshersteller für Unterwäsche hätten? Die Produkte des 1963 gegründeten Unternehmens verbinden gute Verarbeitung mit kreativem Design.

Audēju 16 (Galerija Centrs), T. 67 01 80 73, www.lauma.lv, Tram 5, 6, 7, 9 Nacionālā opera, tgl. 10–21 Uhr

Schuhwerk für feine Damen

Madam Bonbon E 2

Die exklusive Schuhboutique besticht schon durch die Räumlichkeiten. Die ausgesuchten Modelle spanischer Hersteller werden inmitten von geschmackvoll zusammengestellten Möbeln aus dem 19. Jh. ausgestellt. So entsteht der Eindruck, man befände sich in einer eleganten Privatwohnung.

Alberta 1–7a, T. 20 22 22 35, www.madambonbon.lv, Bus 2, Trolleybus 19 Medicīnas muzejs, Mo–Fr 11–19, Sa 11–15 Uhr

Lettisch Fashion

Taste Latvia Karte 2, E 4

In diesem Shop gibt es Kleidung, Schuhe und Accessoires sowohl unbekannter wie auch bereits etablierter lettischer Modedesigner.

Audēju 16 (Galerija Centrs), T. 67 10 45 40, www.tastelatvia.lv, Tram 5, 6, 7, 9 Nacionālā opera, tgl. 10–21 Uhr

Exklusive Lederbeutel

Una Vita G 4

Fantasievolle Handtaschen, in Lettland per Handarbeit hergestellt: Das Leder stammt von Lamas, Ziegen und Kühen oder von Wildtieren, die legal in Lettland erlegt wurden. Die Produkte können auch online erworben werden.

Lāčplēša 87e, T. 67 24 40 44, www.unavita.lv, Trolleybus 13, 22 Avotu iela, Mo–Fr 9–17 Uhr

Klassischer Bernsteinschmuck

Amber Line Karte 2, E 3

Kunstvoll zu Schmuck verarbeiteten Bernstein gibt es bei Amber Line. In Riga finden sich neun weitere Filialen dieses Herstellers.

Torņa 4 (Jakobskasernen), T. 67 32 50 58, www.amberline.lv, Tram 5, 6, 7, 9 Nacionālais teātris, tgl. 10–20 Uhr

Lettische Traditionen

Baltu Rotas Karte 2, D/E 4

Traditionelle, im lettischen Stil gestaltete Schmuckstücke aus Bernstein oder Silber, aber auch moderne Entwürfe.

Grēcinieku 11–2, Eingang von der Petrikirche, T. 67 22 02 70, www.balturotas.lv, Tram 2, 4, 5, 10 Grēcinieku iela, Mo–Sa 10–19, So 10–17 Uhr

Beliebtes Souvenir: Bernstein, das ›Gold‹ der Ostsee

ZUM SELBST ENTDECKEN

Das Nachtleben spielt sich überwiegend in der **Altstadt** ab. Da diese relativ klein ist, sind die Wege kurz und munteres Clubhopping durchweg ohne großen Kraft- oder Zeitaufwand machbar. Dicht drängen sich die Lokale rund um den Livenplatz (Karte 2, E 4), auf der Audēju, der Grēcinieku und der Mārstaļu iela (Karte 2, D/E 4) sowie rund um den Dom (Karte 2, D 4).

Fassen Sie doch auch mal die **Neustadt** ins Auge. Insbesondere rund um die Brīvības, die Tērbatas und die Barona iela ist viel los (E/F 3/4). Alternative Bars und Clubs mit speziellem Publikum sind eher hier als in der Altstadt zu finden, die sich mittlerweile vielleicht ein bisschen zu sehr dem Geschmack der Touristen angepasst hat.

Tanzen, feiern, flirten

In puncto Nachtleben kann sich Riga spielend mit ähnlich großen Metropolen Westeuropas messen. Von coolen Clubs über gemütliche Musikkneipen bis zu tobenden Diskotheken, vom gemütlichen Keller-Edelverlies bis zur poppigen Seventies-Bar – Riga hat von allem etwas. Ein besonderes Kennzeichen der Rigaer Kneipenkultur ist übrigens, dass Sie überall sehr gut essen können. Da es keine Sperrstunde gibt, haben viele Bars, Clubs und Kneipen bis in die frühen Morgenstunden geöffnet. Die Rigaer schöpfen diese Möglichkeit voll aus. Vor allem in den Sommermonaten wird bis zum Morgengrauen getanzt, gefeiert und geflirtet. Die Rigaer tun dies allerdings immer weniger in der Altstadt – diese überlassen sie den Touristen, mit denen sie früher gemeinsam feiern mussten, weil es außerhalb der Altstadt keine vernünftigen Bars gab. Heute sind die angesagten Clubs eher in der Neustadt zu finden, wo es auch mal ungewöhnliche Locations zu entdecken gibt. Sehr beliebt sind Konzerte im Kaņepe-Kulturzentrum oder im Kalnciema-Quartier, Ausflüge zum Piens Club oder zum First Dacha sind immer einen Versuch wert. Sehr auffällig ist nach wie vor die Trennung von Russen und Letten, die sich mehr oder weniger an verschiedenen Orten treffen.

In der Altstadt sollten männliche Touristen darauf achten, sich nicht von fremden Damen in Bars oder Clubs locken zu lassen. Nicht selten erhalten sie dann eine überhöhte Rechnung oder werden zur Herausgabe der PIN ihrer Kreditkarte genötigt.

Feiern ohne Sperrstunde

BARS UND KNEIPEN

American style
Andaļūzijas suns F 4
Diese Restaurant-Bar im Bergs-Basar ist zu einem festen Bestandteil des Rigaer Nachtlebens geworden. Die Speisekarte bietet vor allem amerikanische Küche mit empfehlenswerten Burgern. Im Sommer sitzt es sich nett auf der ruhigen Terrasse mit Blick auf den Brunnen des berühmtesten lettischen Gegenwartskünstlers, Ilmars Blumbergs.
Elizabetes 83/85 (im Bergs-Basar), www.andaluzijassuns.lv, Tram 3, 6, 11 Merķeļa iela, Mo–Do 10–1, Fr/Sa 10–3, So 11–1 Uhr

Bier aus Belgien
Bon Vivant Karte 2, E 4
Das im Stil einer belgischen Brasserie der 1930er-Jahre eingerichtete Café hat sämtliche bedeutenden belgischen Biersorten in seinem Programm. Sie werden stilgerecht in passenden Originalgläsern serviert.
Mārstaļu 8, http://bon-vivant.lv, Tram 2, 4, 5, 10 13. janvāra iela, Mo–Do 11–24, Fr 11–1, Sa 12–1, So 12–23 Uhr

Musik aus dem Medizinschrank
Krogs Aptieka Karte 2, D 4
Apotheke – so heißt diese gemütliche Kneipe in der Nähe der ›Drei Brüder‹ in der nördlichen Altstadt. Mittelalterliche Backsteinwände im Wechsel mit blauen Wänden, medizinische Tinkturen und antike Fläschchen sind feste Bestandteile des ansonsten modernen Interieurs. Die vermutlich einzige Jukebox in Riga spielt populäre Rock-, Country- oder Folk-Klassiker.
Mazā Miesnieku 1, www.krogsaptieka.lv, Tram 5, 6, 7, 9 Nacionālais teātris, So–Mi 16–1, Do–Sa 16–5 Uhr

Bar & Brauerei
Labietis F 1
Ein echter Geheimtipp, allerdings nicht ganz leicht zu finden: auf der Rückseite der Valdemāra Pasāža. Hier wird das Bier direkt hinter der Bar gebraut und Sie haben die Wahl aus 12 Sorten.
A. Briāna 9a–2, www.labietis.lv, Tram 11 Tallinas iela, Mo 16–22, Di 15–23, Mi 15–3, Do 15–1, Fr 15–3, Sa 13–3, So 13–1 Uhr

Irish Pub
Paddy Whelan's Karte 2, E 4
Das erste Irish Pub in Riga wurde 1995 eröffnet und erfreut sich seitdem permanent großer Beliebtheit. Große Bierauswahl.
Grēcinieku 4, www.pub.lv, Tram 2, 4, 5, 10 Grēcinieku iela, Mo–Do 11–1, Fr/Sa 11–3, So 11–24 Uhr

Amerikanische Kette
T.G.I. Friday's Karte 2, E 4
Burger und Steaks, deren Größe keinen Anlass zur Beschwerde gibt, auch der Service ist flott. Deswegen eignet sich dieses Lokal gut für Leute, die, bevor sie die Nacht zum Tag machen, noch mal ihren knurrenden Magen beruhigen wollen.
Kaļku 6, www.fridays.lv, Tram 5, 6, 7, 9 Nacionālā opera, tgl. 12–24 Uhr

Bestes Bier
Valmiermuiža's Beer Shop F 1
Hier verkauft die Brauerei Valmiermuiža in einer ruhigen, gemütlichen Kneipe ihre eigene Biersorten, die zu den besten Lettlands gehören.
A. Briāna iela 9 a (Vorderseite Valdemāra Pasāža), www.valmiermuiza.lv, Tram 11 Tallinas iela, So–Di 10–22, Mi–Sa 10–24 Uhr

Inside kreative Szene
Taka F 2
In dieser gemütlichen Bar in der hippen Miera iela trifft sich die sogenannte kreative Szene Rigas. Alte Sofas vor mit den Farben des Regenbogens bemalten Wänden laden zu einem hausgemachten Apfelwein ein. Kostenloses Internet gibt es natürlich auch.
Miera 10, T. 29 23 05 08, www.facebook.com/TAKA, Tram 11 Brīvības iela, Mo–Do 14–24, Fr 14–3, Sa 12–2 Uhr

Sowjetisches Retro
Gauja F 3
Eine extrem eigenartige Bar im Stil einer lettischen Wohnung zu Sowjetzeiten. Im Hintergrund läuft u. a. Musik von

Elvis Presley, und der Barkeeper mixt Cocktails aus Flaschen, die auch schon bald 40 Jahre alt sein dürften. Die Sofas verströmen genauso Retro-Chic wie die Bierkrüge aus sowjetischer Zeit.

Tērbatas 56, www.bufetegauja.lv, Tram 3, 6, 11 Bērnu pasaule, tgl. 12–23 Uhr

Alternative Musik

I love you ✪ Karte 2, D 3

Diese Bar in einer ruhigeren Seitenstraße nahe dem Schwedentor kann sich rühmen, von Prinz Charles besucht worden zu sein. Sie besticht mit gemütlichen Sofas, guten Cocktails und ausgesuchter alternativer Musik. Man liebt seine Gäste, und auch Sie werden bald sagen »I love you«.

Aldaru 9, www.iloveyou.lv, Tram 5, 6, 7, 9 Nacionālais teātris, Mo–Do 12–24, Fr/Sa 12–1, So 12–22 Uhr

Kunst und Kultur

Kaņepe-Kulturzentrum ✪ E 2

Das Kaņepe ist einer der beliebtesten Treffpunkte der Rigaer Künstlerszene. Das Kulturzentrum ist in einem lange Zeit leer stehenden Holzhaus untergebracht, hier finden regelmäßig Konzerte und Kinovorführungen statt, etwas trinken können Sie in den notdürftig renovierten Innenräumen oder auf dem großen Innenhof.

Skolas 15, Centrs, www.kanepes.lv, Trolleybus 3, 5, 25 Lāčplēša iela, Mo–Mi 12–2, Do–Sa 12–4, So 12–1 Uhr

Sehnsucht nach Sozialismus

Leningrad ✪ E 3

Nach zwei Jahrzehnten des Turbokapitalismus und einer zuletzt strauchelnden Wirtschaft sehnen sich nicht wenige Letten nach den Sowjetzeiten zurück. In der im Souterrain liegenden Eckkneipe erinnert das retro-sowjetische Interieur mit braunen Wandtapeten, alten Radios, einem Sowjetstern und natürlich einem Lenin-Portrait an die ›guten alten Zeiten‹. In einem Mini-Konzertsaal finden regelmäßig Konzerte statt.

Kr. Valdemāra 4, www.leningrad.lv, Trolleybus 3, 5, 25 bis Mākslas muzejs, So–Do 12–3, Fr/Sa 12–7 Uhr

Bestellung per Fahrradklingel

Tequila Boom ✪ Karte 2, D 4

Sehr beliebte Bar, am Wochenende immer gut besucht. Der Tequila wird auf einer Metallplatte mit Fahrradklingel serviert, mit der Sie Nachschub bestellen können.

Mazā pils 11, www.tequilaboom.lv, Mo/Di 11–24, Tram 5, 6, 7, 9 Nacionālais teātris, Mi/Do 11–2, Fr 11–4, Sa 12–4, So 13–24 Uhr

Studis & Touris

The French Bar ✪ Karte 2, D 4

Studenten, Schüler, neugierige Touristen und viele andere bevölkern diese Kellerbar in einer kleinen Seitenstraße mitten in der Altstadt von Riga, die auch unter dem Namen »La belle Epoque« bekannt ist. Das Bier ist noch billig, die Musik laut und das Licht schummrig.

Mazā Monētu 8, http://thefrenchbar.lv, Tram 2, 4, 5, 10 Grēcinieku iela, So–Mi 17–6, Do–Sa 16–19 Uhr

Kräutercocktails

Balsambar ✪ Karte 2, D 3

Beliebte Bar in den Jakobskasernen, in der Sie den Rigaer Kräuterlikör Rīgas Melnais balzams als Zutat verschiedener Cocktails probieren können. Im Sommer lädt eine Straßenterrasse zum Verweilen ein.

Torņa 4–1B, www.balzambars.lv, Tram 5, 6, 7, 9 Nacionālais teātris, Mo–Do 11–23, Fr 11–2, Sa 12–2, So 12–17 Uhr

Seltsam abgelegen

Chomsky ✪ F 3

In einem alten Holzhaus treffen sich lettische Kreative, um Gespräche zu führen und/oder Bier zu trinken. Seltsame Musik und abblätternder Putz tragen zur besonderen Atmosphäre bei.

Lāčplēša 68, www.facebook.com/chomskybar, Tram 3, 6, 11 bis Dzirnavu iela, So–Do 16–24, Fr/Sa 16–3 Uhr

Altstadtblick vom Bahnhof

Neo ✪ E 4

Die trendige, in den oberen drei Stockwerken des Glockenturms im Rigaer Hauptbahnhof eingerichtete Bar-Restaurant besticht insbesondere durch einen atemberaubenden Blick auf die

Drinks, Gespräche und phänomenale Aussicht in der Skyline Bar

Altstadt und nicht ganz so sehr durch das Interieur oder das außergewöhnliche Publikum.

Stacijas laukums 2, www.lage.lv, Bus und Trolleybus bis Stacijas laukums, tgl. 11–23 Uhr

Der Himmel über Riga

Skyline Bar ✪ E 3

Das Radisson Blu Hotel Latvija, mit 587 Zimmern das größte Hotel im Baltikum punktet zwar nicht mit individuellem Flair, doch die Aussicht aus der Skyline Bar im 26. Stock ist grandios. Schon allein die Fahrt hinauf mit einem der beiden Fahrstühle ist ein Ereignis für sich. In der schicken Bar werden zwar saftige Preise verlangt, aber einen Cocktail zu schlürfen und dabei aus der Vogelperspektive Riga anzuschauen ist den Aufschlag wert.

Elizabetes 55, www.skylinebar.lv, Trolleybus 12, 14, 17 Tērbatas iela, Mo–Do 17–1, Fr/Sa 15–4, So 15–2 Uhr, Eintritt 3 € (nur Do 21–24, Fr–Sa 21–2, So 21–24 Uhr)

Draußen die Sterne zählen

Star Lounge ✪ E 2

Die Bar im 11. Stock des Albert Hotel lockt mit einem wunderbaren Blick über die Dächer von Riga – und in den hoffentlich wolkenlosen Abendhimmel. In gemütlichen und stilvollen Sofas genießen Sie eine große Auswahl an recht günstigen Cocktails.

Dzirnavu 33 (im Albert Hotel), www.alberthotel.lv, Trolleybus 3, 5, 25 Lāčplēša iela, So–Do 15–1, Fr/Sa 15–2 Uhr

LIVEMUSIK

Bar beim Theater

Teātra bārs ✪ F 3

Im Souterrain dieser kleinen Bar ist oft viel los, nicht nur nach Vorstellungsende im Neuen Rigaer Theater gegenüber. Auch sonst finden hier immer wieder Konzerte unbekannter lettischer Bands und Theateraufführungen im hinteren Raum der Bar statt. Das Publikum ist relativ jung und Touristen eher die Ausnahme. Die Atmosphäre ist freundlich, die Preise sind in Ordnung.

Lāčplēša 26, www.teatrabars.lv, Tram 3, 6, 11 Ģertrūdes iela, Di 17–2, Mi–Fr 17–5, Sa 17–2 Uhr

Lettisches nicht nur für Letten

Četri balti krekli ✪ Karte 2, E 4

Wenn Sie lettische Folk- und Rockmusik live erleben möchten, ist das Krekli der richtige Ort. Um eingelassen zu werden,

empfehle ich Ihnen, nicht allzu lässig gekleidet zu erscheinen. Unter das Lettland-begeisterte Publikum mischen sich viele einheimische Künstler. Teil des Clubs ist ein Restaurant mit rein lettischer Speisekarte.
Vecpilsētas 12, T. 67 21 38 85, www.krekli.lv, Tram 2, 4, 5, 10 13. janvāra iela, Mo/Di 21–3, Mi–Sa 21–5, So 21–3 Uhr

Underground
Depo ✪ Karte 2, E 4
Liebhaber von Undergroundmusik sind im Depo genau richtig. Manchmal treten bekannte lettische Musikgruppen auf, aber auch Anfängerbands bekommen ihre Chance. Die DJs kommen häufig aus dem Ausland.
Vaļņu 32, T. 67 22 01 14, www.klubsdepo.lv, Tram 2, 4, 5, 10 13. janvāra iela, Do–Sa 20–5 Uhr

Lettischer Folk
Folkklubs Ala Pagrabs ✪ Karte 2, D 4
In einem Keller gelegen, ist es einer der wenigen Orte in Riga, an dem Sie auch regelmäßig lettische Folkmusik zu Gehör bekommen.
Peldu 19, www.folkklubs.lv, Tram 2, 4, 5, 10 Grēcinieku iela, Mo/Di 12–1, Mi 12–3, Do/Fr 12–4, Sa 14–4, So 14–1 Uhr

Lettischer Rock
Latvijas 1. Rokkafejnīca ✪ Karte 2, E 4
In dem alten Bürgerhaus aus dem 17. Jh. ist seit einigen Jahren auf drei Etagen das 1. lettische Rockcafé untergebracht, in dem Sie nicht nur bekannte lettische Rockbands live erleben, sondern auch essen können (Steaks, Pizza, Pasta, vegetarische Gerichte).
Mārstaļu 2/4 (Reuternhaus), http://rockcafe.lv, Tram 2, 4, 5, 10 Grēcinieku iela, Mo/Di 9–4, Mi/Do 9–6, Fr/Sa 9–7, So 12–3 Uhr

Hardrock
Melnā piektdiena ✪ außerhalb H 1
Der einzige Club Rigas, wo überwiegend Heavy-Metal-Konzerte gespielt werden. Sogar internationale Größen wie Napalm Death waren schon hier. Der Club liegt etwas außerhalb in den Gebäuden des VEF, einer stillgelegten Fabrik.
Brīvības 193c, www.melnapiektdiena.lv, Tram 3, 6 Brīvības iela, Fr/Sa 20–5 Uhr

Pop im Kino
Palladium ✪ F 3
In dem alten Kino finden spannende Konzerte statt, das Programm gestalten die Organisatoren des Positivus-Festival (www.positivusfestival.com).
Marijas 21 (Eingang Pērses), www.palladium.lv, Tram 3, 6, 11 Dzirnavu iela

TANZEN

Schicker Russen-Treff
First Dacha ✪ außerhalb C 2
Dieser saisonal und nur an Wochenenden geöffnete Club auf der Flusshalbinsel Andrejsala kann schon mal mit dem speziellen Ambiente am Passagierhafen punkten. Regelmäßig legen hier auch bekannte DJs auf oder treten Bands oder Solokünstler auf. Der Club ist besonders bei Russen beliebt, großer Wert wird hier auf gutes Aussehen gelegt.
Andrejostas iela 2K–3, T. 26 54 05 55, http://firstdacha.com, Tram 5, 6, 7, 9 Kronvalda bulvāris, Mai–Sept. Fr/Sa 23–6 Uhr

Ewiger Geheimtipp
Piens ✪ F 1
Der Piens-Club ist etwas außerhalb in der Neustadt in einer ehemaligen Brauerei in den Valdemāra-Passagen untergebracht und zählt zu den beliebtesten Clubs unter den Rigaern. Das Interieur mit alten, durchgesessenen Sofas lässt auf einen alternativen Club schließen, was zum Teil auch stimmt. Laute Musik und billiges Bier gehören hier aber auf jeden Fall dazu. Am Tag mutiert der Club zu einer Restaurant-Bar mit sehr annehmbaren Gerichten. Ausländische Touristen sind jedoch nicht immer willkommen, werden aber in der Regel nicht abgewiesen.
A. Briāna 9, T. 66 01 63 00, http://piens.nu, Tram 11 bis Tallinas iela, So–Mi 12–24, Do 12–2, Fr/Sa 12–5 Uhr

Kuba lässt grüßen

Cuba Café Karte 2, D 4

Das Lokal am Domplatz kann bereits zu den Klassikern im Rigaer Nachtleben gezählt werden. Der kleine, mit unaufdringlichen Verweisen auf Kuba gestaltete Innenraum ist in den Abendstunden meist gedrängt voll. Sie können aus Cocktails und Tex-Mex-Snacks wählen – und dürfen auch tanzen!

Jauniela 15, www.cubacafe.lv, Tram 2, 4, 5, 10 Grēcinieku iela, tgl. 15–5 Uhr

Junger Fastschonklassiker: Cuba Café

Rauschende Parties

Coyote Fly Karte 2, E 3

Der im exklusiven Vernissage-Komplex im Wöhrmanschen Garten (Vērmanes dārzs, ► S. 84) untergebrachte Club zählt zu den beliebtesten der Stadt. Hier erscheinen zahlreiche lettische Prominente, immer wieder legen bekannte DJs auf, und auf gute Kleidung wird großer Wert gelegt. Leider gibt es Gesichtskontrolle.

Tērbatas 2 (Eingang von der Parkseite), www.coyotefly.lv, Bus oder Trolleybus Inženieru oder Tērbatas iela, Do–Sa 23–6 Uhr

Schickeria von Riga

Mai Tai Karte 2, E 3

Nicht nur hier tanzen Girls auf der Theke, aber im Mai Tai tun sie es vor allem für die Promis, die diesen kleinen Club in der Nähe der Uni aufsuchen. Auch hier gibt es Gesichtskontrolle.

Raiņa bulvāris 15, www.mai-tai.lv, Bus oder Trolleybus bis Inženieru oder Tērbatas iela, Do–Sa 22–6 Uhr

Innovativ und angesagt

Nabaklab Karte 2, E 3

Mögen Sie das Unkonventionelle? Im Keller eines alten Hauses gibt es Platz für wildes Tanzen zu ungewöhnlichen DJ-Sets, für Live-Konzerte und nicht zuletzt das Abhängen an der modernen Retro-Bar.

Z.A. Meierovica bulv. 12, www.nabaklab.lv, Tram 5, 6, 7, 9 Nacionālā opera, Mo–Mi 12–24, Do 12–2, Fr 12–6, Sa 17–6 Uhr, Eintritt bei Konzerten 1,50–5 €

Alternative Disco

Pulkvedim neviens neraksta Karte 2, D 4

Der Name ›Der Oberst hat niemand, der ihm schreibt‹ zitiert den Titel eines Romans von Gabriel García Márquez. Der Club bedient die Anhänger von Musik jenseits des Mainstream und organisiert gelegentlich Live-Konzerte. Doch in erster Linie ist er eine alternative Disko mit einem bunt gemischten, aufgeschlossenen Publikum, das auch ohne Gesichtskontrolle Einlass findet.

Peldu 26/28, www.pulkvedis.lv, Tram 2, 4, 5, 10 Grēcinieku iela, Mo–Do 20–3, Fr/Sa 20–5 Uhr

KONZERTE, THEATER, OPER, MUSICAL, BALLETT

Für alle ist gesorgt

Das Kulturprogramm von Riga bietet eine große Bandbreite, die von Theater, Ballett und klassischer Musik bis hin zu Pop-, Rock- oder Jazzkonzerten lettischer und internationaler Musiker reicht. Vor allem die klassische Musikszene bewegt sich auf sehr hohem Niveau. Konzerte finden fast allabendlich statt, oftmals zu sehr günstigen Eintrittspreisen. Empfehlenswert sind Orgelkonzerte im Dom oder Aufführungen in der Nationaloper. Ein Veranstaltungskalender auf der Website www.liveriga.com informiert über die wichtigsten Events, von dort werden Sie direkt auf das Buchungsportal www.bilesuparadize.lv weitergeleitet.

Hin & weg

Ankunft

… mit dem Flugzeug
Riga International Airport:
🕮 Karte 3
Rigas Flughafen liegt ca. 14 km westlich des Zentrums.
Information: T. (+0371) 29 31 18 17 (aus dem Ausland), 18 17 (innerhalb Lettlands, gebührenpflichtig), www.riga-airport.com. Im Ankunftsbereich hilft das Touristenbüro ›Welcome to Riga‹ bei der Suche nach Unterkünften. Hier ist auch die Riga Card erhältlich: T. 67 20 79 99 (► S. 111).
Bustransfer: Der Linienbus 22 verbindet den Flughafen alle 10–30 Min. mit der Innenstadt, Abfahrt schräg rechts gegenüber dem Terminal (hinter dem Parkplatz), Fahrtdauer ca. 30 Min. Tickets (2 €) können Sie beim Busfahrer erwerben, alternativ im Geschäft ›Narvesen‹ in der Schalterhalle eine elektronisch lesbare Einzelfahrkarte (1,15 €) oder eine Mehrfahrkarte kaufen (weitere Tarifinfos auf www.rigassatiksme.lv). Darüber hinaus fährt von derselben Haltestelle auch der Minibus Nr. 241 in Richtung Innenstadt ab. Die Fluglinie Air Baltic bietet mit dem Airport Express-Shuttlebus einen Transfer an, der Reisende für 5 € ins Stadtzentrum fährt.
Taxis: Eine Fahrt ins Zentrum kostet etwa 14 € und dauert etwa 15–20 Min. Den ungefähren Preis sollten Sie vorher unbedingt beim Fahrer erfragen, um Missverständnisse zu vermeiden.

… mit der Bahn
Die Anreise mit der Bahn ist derzeit nicht ratsam, weil die Fahrt von Berlin nach Riga mindestens 31 Stunden dauert. Sie müssten mehrmals umsteigen und längere Wartezeiten einkalkulieren. Umsteigebahnhöfe sind häufig Warschau, Vilnius oder Minsk. Bei der Fahrt über Minsk oder Kaliningrad ist ein Transitvisum für Weißrussland bzw. Russland erforderlich.

… mit dem Bus
Busfahrten nach Riga sind aus nahezu allen größeren deutschen Städten möglich. Eine Busfahrt von Berlin nach Riga dauert knapp 20 Stunden und hat vor allem den Vorteil, dass sie ohne Umsteigen vonstatten geht.

… mit dem Auto
Eine Autofahrt nach Lettland führt in der Regel über Polen und Litauen. In Polen nehmen Sie von Warschau aus die Schnellstraße 18 in Richtung Bialystock. Zwischen Polen und Litauen gibt es die Grenzübergänge Kalvarija auf der Via Baltica (E67) und etwas weiter südlich Lazdijai. Letzterer ist für Touristen die bessere Alternative. Die Landschaft ist sehenswert und der Grenzübergang für den Schwerlastverkehr gesperrt. Infos über die Straßenverhältnisse unter www.balticroads.net

… mit der Fähre
Eine Schiffspassage ist hauptsächlich für Reisende interessant, die in Riga nicht auf ihr Auto verzichten möchten.

Touristen-Information

… zu Riga
TIC Schwarzhäupterhaus: 🕮 Karte 2, D 4, Rātslaukums 6, T. 67 03 79 00, www.liveriga.com, Mai–Sept. tgl. 9–19, Okt.–April tgl. 10–18 Uhr. Zentrale Informationsstelle im Schwarzhäupterhaus mit zahlreichen Prospekten, Stadtplänen, Büchern, DVDs und Hilfe bei der Suche nach Unterkünften
TIC Livenplatz: 🕮 Karte 2, E 4, Kaļķu iela 16, T. 67 22 74 44, Mai–Sept. tgl. 9–19, Okt.–April tgl. 10–18 Uhr
TIC Busbahnhof: 🕮 Karte 2, E 4, Prāgas iela 1, T. 67 22 05 55, Mo–Sa 9–18 Uhr

… zu Lettland
Fremdenverkehrsamt Lettland:
🕮 F 2, Brīvības iela 55, T. 67 22 99 45, www.tava.gov.lv, Mo–Do 8.30–17, Fr 9–12 Uhr. Ausführliche Informationen über ganz Lettland

RIGA CARD

Die Riga Card berechtigt etwa zur Benutzung von Straßenbahnen, Bussen und Trolleybussen sowie zum freien bzw. ermäßigten Eintritt in den meisten Museen und zur Teilnahme an einer Hop-on-hop-off-Bustour (www.citytour.ee). Erhältlich ist sie u. a. in der zentralen Touristeninformation im Schwarzhäupterhaus. Sie kostet 25 € für 24 Std., 30 € für 48 Std. und 35 € für 72 Std. Beim Kauf der Karte auf dem Portal www.liveriga.com erhalten einen Rabatt von 10 %.

REISEN MIT HANDICAP

Riga-Reisen sind grundsätzlich auch für Behinderte, etwa Rollstuhlfahrer, möglich. Allerdings ist das Netz der behindertenfreundlichen Gebäude und Transportmittel noch ungenügend ausgebaut. Hotels der höheren Kategorie sind aber in der Regel behindertengerecht konzipiert. Auskunft erteilt der **Bundesverband Selbsthilfe Körperbehinderte e. V.:** T. 06294 428 10, www.bsk-ev.org.

SICHERHEIT UND NOTFÄLLE

Seitdem sich Lettland einigermaßen von der Wirtschaftskrise erholt hat, gilt es zwar wieder als relativ sicheres Land, dennoch sollten Sie größere Geldbeträge, Reisepass und Flugticket besser in einem Brustbeutel oder einem Geldgürtel verwahren. Taschendiebe versuchen vor allem in Bussen und Straßenbahnen ihr Glück. Sind Sie allein unterwegs, meiden Sie bei Dunkelheit sicherheitshalber menschenleere Gassen.

Notfall-Hotline: Die Lettische Touristeninformation bietet für Touristen, die in Schwierigkeiten geraten, eine Notfall-Hotline an. Unter der kostenfreien Nummer T. 11 88 erfahren Sie rund um die Uhr auch auf Englisch, wo und wie Sie Hilfe bekommen können. Auch die

RIGA IM NETZ

www.liveriga.com: Die Website vom Rigaer Büro für Tourismusentwicklung überzeugt nicht nur mit ihrem zeitgemäßen Design, sondern auch mit ihrer Übersichtlichkeit. Ein aktueller Veranstaltungskalender rundet das Bild ab und ist bei der Programmgestaltung von großem Nutzen.

www.latvia.travel: Der offizielle Internet-Auftritt des Lettischen Fremdenverkehrsamts ist die umfangreichste und aktuellste deutschsprachige Informationsquelle für Lettland-Reisende.

www.riga2014.org: Die englischsprachige Website der Stiftung Riga 2014 lässt die Ereignisse des Kulturhauptstadtjahrs Revue passieren.

www.vecriga.info: Diese tolle virtuelle Tour durch die Altstadt wurde mit Unterstützung der UNESCO erstellt.

www.latinst.lv: Die Website des Lettland-Instituts bietet ausführliche, meist englischsprachige Hintergrundinformationen zur Geschichte und Kultur Lettlands.

www.culture.lv: englischsprachige Website mit ausführlichen Infos zur lettischen Kulturszene und einem Veranstaltungskalender.

www.lettische-presseschau.de: Die Website veröffentlicht aktuelle Meldungen und Artikel zu Lettland und ermöglicht den Zugriff auf archivierte Schriften. Sie wird vom Lettischen Centrum in Münster betrieben.

www.infobalt.de: Der Verein Infobalt e.V. informiert auf seiner Website ausführlich und unabhängig über Themen, die das Baltikum betreffen.

www.lettland.blogspot.de: Auf dieser Seite lesen Sie vielfältige Berichte zu aktuellen (lettischen) Themen.

Polizei in Riga bietet englischsprachige Hilfe an: T. 67 18 18 18.
Sperrnummer: Deutsche können EC/ Maestro-Karten, Kreditkarten, Handys usw. unter T. 0049 11 61 16 oder www.sperr-notruf.de sperren lassen.
Notruf: Die kostenlose Telefonnummer 112 bei allen Notfällen.

DIPLOMATISCHE VERTRETUNGEN

Deutsche Botschaft Riga: 🗺 E 3, Raiņa bulvāris 13, T. 67 08 51 00, Hilfe in dringenden Fällen: 29 46 64 56, www.riga.diplo.de
Österreichische Botschaft: 🗺 D 2, Elizabetes 15, T. 67 21 61 25, www.aussenministerium.at/riga
Schweizerische Botschaft: 🗺 D 2, Elizabetes 2, T. 67 33 83 51/52/53, www.eda.admin.ch/riga

UMWELTFREUNDLICH UNTERWEGS

Öffentlicher Nahverkehr
Innerhalb von Riga verkehren zwischen fünf Uhr morgens und Mitternacht regelmäßig Straßenbahnen, Trolleybusse und Busse. Eine Fahrt ohne Umsteigen kostet 2 €, wenn Sie das Ticket beim Fahrer erwerben. Deutlich günstiger ist es, wenn Sie sich E-Talons kaufen, elektronische Tickets, die u. a. an Kiosken oder Automaten erhältlich und jeweils beim Einsteigen in das Verkehrsmittel an einem elektronischen Lesegerät zu entwerten sind. Ein Zehnerticket kostet beispielsweise 10,90 €, ein Zwanzigerticket 20,70 € (weitere Infos: T. 80 00 19 19, www.rigassatiksme.lv/en).
Züge
Hauptbahnhof (Centrālā stacija): 🗺 E/F 4, Stacijas laukums, T. 67 23 21 35, www.pv.lv
Die Züge in Lettland sind sehr veraltet. Nur nach und nach werden einige Waggons aufgerüstet. Auch das Tempo lässt auf Zugreisen zu wünschen übrig. Dafür sind sie aber eine sehr preisgünstige Variante sich fortzubewegen. Nicht alle Landesteile werden von der lettischen Bahn bedient, Ventspils wird z. B. nicht mehr angefahren, Liepāja, Daugavpils, Rēzekne, Sigulda und Cēsis dagegen schon.
Internationaler Busterminal (Autoosta): 🗺 E 4, Prāgas 1, Reservierung T. 90 00 11 11 (0,52 €/Min.)
Überlandbusse
Busse haben den Vorteil, dass sie deutlich schneller als die lettischen Züge sind und auch die kleineren Orte anfahren. Zwischen den größeren Städten existieren beinahe stündliche Verbindungen, kleinere Dörfer werden dagegen meist nur einmal täglich bedient. Es empfiehlt sich, die Tickets rechtzeitig zu besorgen, da manche Strecken häufig ausgebucht sind. Fahrplanauskünfte erhalten Sie u. a. auf der Website www.autoosta.lv.
Minibusse
Die sogenannten Minibusse haben ihren eigenen kleinen Standort beim Hauptbahnhof, Elizabetes iela/Ecke Marijas iela. Sie sind zwar geringfügig teurer als Züge oder Busse, dafür aber auch deutlich schneller. Sie fahren sowohl innerhalb der Stadt als auch in die nähere Umgebung Rigas und halten auf Handzeichen an den normalen Bushaltestellen. Wer aussteigen will, muss dies ebenfalls deutlich zu erkennen geben.
Taxis
Da es in Riga auch Taxifahrer ohne Lizenz gibt, rate ich Ihnen zu etwas Aufmerksamkeit bei der Wahl des Taxis. Taxis mit Lizenz sind an den gelben Nummernschildern zu erkennen. Wenn Sie sichergehen möchten, bestellen Sie ein Taxi per Telefon oder nehmen eines von denen, die vor dem Radisson Blu Hotel Latvia warten. Kurze Strecken sollten nicht mehr als 5 € kosten.
BalticTaxi: T. 85 00, www.baltictaxi.lv. Faire Tarife und zuverlässige Taxifahrer in gepflegten, knallgrünen Autos, die zeigen, dass das Unternehmen zur Fluglinie airBaltic gehört.
Lady Taxi: T. 27 80 09 00, www.lady-taxi.lv. Die Taxis werden ausschließlich von weiblichen Personen gefahren.
Red Cab Taxi: T. 83 83, www.rtp.lv. Gepflegte rote Autos

Smile Taxi: T. 22 57 76 77, www.taksometrs.lv. Gelbe Taxis

Leihwagen

So gut wie alle internationalen Autovermieter sind in Riga ansässig. Günstige Angebote erhalten Sie vor allem, wenn Sie den Mietwagen schon vor Antritt der Reise oder in einem Paket mit dem Flug buchen (Internet, Reisebüros). Vor Ort helfen Hotels gern bei der Vermittlung, bezahlt wird per Kreditkarte.

Die internationalen Agenturen finden Sie in Riga am Flughafen sowie innerhalb bzw. am Rande der Altstadt.

Avis: T. 67 20 73 53, www.avis.de

Europcar: T. 67 20 78 25, www.europcar.de

Hertz: T. 67 20 79 80, www.hertz.de

Fahrradverleih

In Riga gibt es nur wenige Fahrradwege, aber man versucht seit einiger Zeit, das Wegenetz auszubauen. Gerade unter jungen Leuten wird Fahrradfahren immer beliebter. Sehr reizvoll ist der Radweg von Riga nach Jūrmala-Majori, der in Āgenskalns beginnt.

Gandrs: 🕮 A 5, Kalnciema 30, T. 67 61 90 43, www.gandrs.lv, Mo–Fr 10–20, Sa, So 10–18 Uhr, 9 € pro Tag und Fahrrad. Auch Reparaturwerkstatt und Produkten für die aktive Erholung.

Stadtrundfahrten

Mittlerweile gibt es auch in Riga Anbieter von sogenannten Hop-on-Hop-off-Bustouren, bei denen Sie an verschiedenen Stationen die Tour unterbrechen und ein- und aussteigen können. Die roten Doppeldecker von Citytour starten tgl. zwischen 10 und 15 Uhr je nach Jahreszeit alle ein bis zwei Stunden am Rātslaukums, eine Fahrkarte kostet 15 €, wenn Sie online buchen, nur 13,50 € (T. 67 62 75 71, www.citytour.lv).

STADTFÜHRUNGEN

Smile Line: Deutschsprachige Führungen ohne Voranmeldung durch die Altstadt bietet u. a. Smile Line an. Ein fester Termin ist jeden Morgen um 10.30 Uhr bei der Rolandstatue vorm Schwarzhäupterhaus auf dem Rātslaukums (T. 29 54 26 26, www.smileline.lv, 12 €/Pers.). Smile Line bietet auch weitere Themenführungen an, wie z. B. einen Jugendstilspaziergang oder einen Abendspaziergang bei Laternenlicht.

Riga Culture Free Tour: Sehr empfehlenswert ist die kostenlose englischsprachige Kulturführung durch Riga, die von Leuten mit kulturellem Hintergrund, etwa Kunsthistorikern, Stadtplanern oder Schriftstellern, durchgeführt wird. Sie startet täglich am Denkmal des lettischen Nationaldichters Rainis in der Parkanlage Esplanāde, Trinkgeld ist natürlich willkommen (www.rigaculturefreetour.lv). Organisiert wird die Tour von Menschen, die sich regelmäßig in ›Roberts Books‹ treffen, einer sympathischen englischsprachigen Buchhandlung (Dzirnavu iela 51, www.robertsbooks.lv).

Riga Free Tour: Kostenlose englischsprachige Führungen bietet auch Riga Free Tour an. Treffpunkt ist täglich um 12 Uhr gegenüber vom Haupteingang der Petrikirche (▶ S. 23). Die Tour dauert etwa zweieinhalb Stunden, Trinkgeld wird auch hier gerne angenommen (http://freetour.traveller.ee).

Heinz Erhardt: Individuelle Themenführungen, z. B. »Auf den Spuren von Heinz Erhardt in Riga« oder »Jugendstilführung«, führt Maik Habermann durch (T. 29 74 79 68, www.riga-tour.de).

Jüdisches Riga: Englischsprachige Führungen durch das jüdische Riga bieten Ilya Lensky (ilensky@gmail.com) und Elena Spungina an (elenaspungina@inbox.lv, Jüdisches Museum, T. 67 28 34 84, www.jewishmuseum.lv).

LiteraTour: Einen Einblick in die lettische Literatur und hinter die Fassaden der Stadt vermittelt der Übersetzer Matthias Knoll (▶ S. 82).

Auf Rädern unterwegs: Geführte deutschsprachige Fahrrad- und Segwaytouren bietet BicycleRental.lv an. Sie können hier auch Fahrräder für den privaten Gebrauch mieten. Audēju iela 15 (Eingang Rīdzenes iela, gegenüber vom Haupteingang der Gallerija Centrs), T. 29 13 38 67.

O-Ton Riga

lūdzu

bitte

Labu apetīti!

Guten Appetit!

Kā Jums iet?

Wie geht es Ihnen?

paldies

danke

Lēnāk brauksi, tālāk tiksi

Wer langsam geht, kommt heil an
(Eile mit Weile)

labdien

Guten Tag!

ESIET SVEICINĀTI!

Herzlich Willkommen!

Nakama pietura: Stacijas laukums

Nächste Haltestelle: Hauptbahnhof

Atvainojiet!

Entschuldigung!

uz redzēšanos

Auf Wiedersehen!

Lūdzu, palīdziet man!

Bitte helfen Sie mir!

7:40 96

A
Āgenskalns 10
Akademie der Wissenschaften 64
Alberta iela 49
Albert von Buxhoeveden 21, 22, 31
Altstadt 20, 34, 38, 42, 98, 104
Alus Krodziņš 73
Alus Sēta 30
Amber Line 103
Amerikanischen Botschaft, ehemalige 44
Andaļūzijas suns 105
Andrejsala 83
Ankunft 110
Apsara 45
Architekturmuseum 39
Arsenal 40
Arsenāls, Ausstellungssaal 41
Ars Tela 101
Art Hotel Laine 89
Art Nouveau Riga 48, 101
Astronomische Uhr 27
Aussichtsplattformen 23, 65, 77, 103, 107
Ausstellung ›Juden in Lettland‹ 53

B
Balasta dambis 68
Ballett 109
Balsambar 106
Baltu Rotas 103
Bang Bang 102
Bank Citadele 120
Barons, Krišjānis 6, 75
Bastionshügel 43
Bauernmarkt 54
Baumanis, Jānis Frīdrihs 39
Baumgärtel, Christa 21
B-Bars 30
Beachvolleyball 68
Behinderte 111
Berga bazārs 54
Bergs-Basar 100
Bergs, Hotel und Restaurant 89, 95
Bernstein 103
Betanovuss 83
Biķernieki-Gedenkstätte 80
Biķernieku mežs 80
Biotēka 99
Birkerts, Gunārs 82
Birzenieks, Aleksandrs 80
Black Magic Bar 93
Blaumanis, Rudolfs 15
Blumenmarkt 84
Bockslaff, Wilhelm Ludwig 37
Bohnstedt, Ludwig 44
Bon Vivant 105
Bootfahren 5, 43
Bosse, Harald Julius von 33
Brāļu kapi 80
Bremer Stadtmusikanten 20
Brüderfriedhof 80
Busse 110

C
Café Dali 62
Čemodāns 94
Centrs 11, 51, 104
Četri balti krekli 107
Chapurin 102
Chomsky 106
Christi-Geburt-Kathedrale 52
Christoph, Großer 7, 32, 120
Clarion Collection Hotel Valdemars 89
Concerto Piccolo 5
Costa Coffee 26
Coyote Fly 109
Cuba Café 30, 109

D
DAD Café 57, 94
Dainas 6, 33, 75
Denkmal der Lettischen Schützen 28
Depo 108
Desa & Co 62
Deutschbalten 28
Deutsche 31
Deutsche Botschaft 44
Diplomatische Vertretungen 112
Dirty Deal teatro 63
Dom 29
Domini Canes 23, 97
Double Coffee 36, 91
Drei Brüder 38
Dresscode 91
Dubulti 74
Dzirnavas 96

E
Ecke, Nikolaus 21
Eckes Konvent 21
Edvards, Hotel 87
Ehrenwache 44
Einkaufen 98
Eisenbahnmuseum 79
Eisenstein, Michail 15, 47, 49, 50
Eisenstein, Sergej 47
Eislaufen 54, 65
Elina Dobele 102
Elizabetes iela 47
Erhardt, Heinz 113, 120
Esplanāde 84
Estrade 84
Ethnografisches Freilichtmuseum 69

F
Fabrikas restorāns 67
Fahrräder 73, 92, 113
Fahrradfahren 74
Fazenda 53, 93
Feders, Pēteris 80
Felsko, Johann Daniel 26, 36
First Dacha 108
Flohmarkt im Speicher-Viertel 101
Folkklubs Ala Pagrabs 108
Freie Republik Miera iela 55
Freiheitsdenkmal 43
Freiheitsstatue 57
Freilichtmuseum, Ethnografisches 69
Freimane, Valentina 5
French Bar 106
Funky Hostel 88

G
Gailes, Zaiga 68
Galerie Etmo 101
Galerija Centrs 99
Galerija Istaba 91
Galleria Riga 54, 103
Gandrs 113
Gastronome 99
Gauja 77, 105
Gauja-Nationalpark 77
Geburtsklinik 56
Gedenkstätten 80
Gedenksteine 43
Georgskirche 22
Gerkan, Meinhard von 120
Gertrudenkirche 54
Ghetto 64
Ghetto-Museum 63
Gipsfabrik 68
Goethe-Institut 41
Gräsermarkt 33
Große Choral-Synagoge 65
Große Gilde 36
Großer Christoph 32, 120
Großer Friedhof 80

H
Hamlets 22
Handwerkermarkt 70
Handwerkertage 70
Herder, Johann Gottfried 33
Hermanis, Alvis 57, 120
Himsel, Nikolaus 32
Hobbywool 103
Holzhäuser 68, 73, 83
Homestay 87
Honeymoon Room 100
Hotels 86

I
Illuseum 57, 92
I love you 106
Index Café 45
Instrumenti 120
International SV 97
Internet 111

J
Jahn, Daniel 23
Jakobskasernen 41
Jakobskirche 39
Jāņa rozes 99
Jāņa sēta 99
Jesuskirche 65
Johannishof 22
Johanniskirche 21
Johannistag 7
Jüdische Gemeinde 53
Jüdisches Riga 113
Jugendstil 4, 6, 9, 15, 46
Jugendstilmuseum 49
Jugla-See 70
Jūrmala 72
- Alus Krodziņš 73
- Dubulti 74
- Dzintari-Konzertsaal 74
- ehemalige Badeanstalt 73
- Fahrradverleih ABC grupa 73
- Freilichtmuseum 74
- Jomas iela 73
- Jūras iela 73
- Naturpark Ragakāpa 74
- Seepavillon 74
- Stadtmuseum 73
- Strand von Bulduri 74
- Turai das iela 74
Jurmala Dreams 87
Justus, Hotel 87

K
Kalēju iela 22
Kaļķu vārti 36
Kalnciema-Quartier 68, 82, 101
Kaņepe-Kulturzentrum 53, 106
Katzenhaus 37
KGB-Haus 54
KID 91
Kilimanjaro 97
kim? 63
Kinder 84
Kino 11, 53, 65
Ķiploku krogs 97
Ķīpsala 66
Ķīžezers 85
KLASE 102
Kleina, Agnese 120
Kleine Gilde 35
Knoll, Matthias 82, 113
Kolhaas, Rem 83
Konventa sēta 87
Konventhof 22
Konzerte 33, 64, 83
Konzertsaal des Lettischen Nationalen Symphonieorchesters 37
Kremer, Gidon 120
Kriegsmuseum 41
Krogs Aptieka 105
Kronwaldpark 84
Kūkotava, Café 91
Kundziņš, Pauls 70
Kunsthandwerkermarkt 54
Kunstmuseum Rigaer Börse 33
Kuphaldt, Georg Friedrich 84

L
Labietis 57, 105
Laima-Fabrik 57
Laima-Uhr 57
La Kanna 92
Latgale-Markt 62, 65, 101
Laube, Eižens 49, 68
Lauma Lingerie 103
Leningrad 106
Lettisches Lieder- und Volkstanzfest 6, 12, 85
Lettisches Parlament 39
Lido-Erholungszentrum 95
Liebesbrücken 43
Liederfest 6, 12, 85
Lielie kapi 80
Lipke, Žānis 65, 67
LiteraTour 113
Livemusik 107
Livenplatz 34
Lucavsala 84
Luftfahrttechnisches Museum 79

M
M50 57, 102
Madam Bonbon 103
Mādara Skin Café 101
Mai Tai 109

Majori 73
Märkte 33, 54, 58, 65, 82, 100
Melnais balzāms 37
Melnā piektdiena 108
Mentzendorff, August 28
Mentzendorffhaus 28
Mežaparks 85
Mierā 56
Mierā, Café 91
Miera iela 55
MiiT 53
Miit Coffee 92
Milda 94
Minibusse 112
Mittsommernacht 7, 33
Mode 102
Monika Centrum Hotel 89
Monterosso 96
Moskauer Vorstadt 11, 61
Motormuseum 78
Muffins and more 54, 91
Museum der Barrikaden des Jahres 1991 33
Museum für angewandte Kunst 23
Museum für Medizingeschichte 50
Museum für Medizingeschichte Pauls Stradiņš 78
Museum für Stadtgeschichte und Schifffahrt 32
Museum für zeitgenössische Kunst 83
Museum von Romans Suta und Aleksandra Beļcova 79
Musical 109

N
Nabaklab 109
Nachtleben 104
Nationalbibliothek 16, 82
Nationales Kunstmuseum 50, 78
Nationalmuseum für Geschichte 45
Nationaloper 44
Naturkundemuseum 79
Naughty Squirrel 88
Neiburgs 30
Neiburgs, Hotel 89, 95
Neo 106
Neues Rigaer Theater 57
Neustadt 11, 51, 104
New Media Culture Center RIXC 63
NOASS 83
Notfälle 111

O
Öffentlicher Nahverkehr 112
Öffnungszeiten 81, 104
Okkupationsmuseum 27, 44
Oper 109
Origo 100
Osīriss 92
Ostas Skati 67
Öttinger, Johann Friedrich von 26

P
Paddy Whelan's 105
Palladium 108
Pēkšēns, Konstantīns 15, 49
Pelmeņi XL 96
Petergailes 23
Petrikirche 23
Pflug, Robert 39, 52
Pienene 100
Piens 57, 108
Porzellanmuseum 78
Priedes krogs 70
Province 26
Pulkvedim neviens neraksta 109
Pulverturm 41

R
Radisson Blu Elizabete Hotel 89
Radisson Hotel Latvia 53
Radi un Draugi 87
Ragakāpa-Naturpark 74
Rahmerturm 41
Rainis 82, 84
Rāma 94
Randoms 99
Rathaus 26
Rathausplatz 25
Raw Garden 53, 93
Red Nose Hostel 88
Reisezeit 7
Restaurants 90
Retro-Straßenbahn 50
Reuternhaus 24
Reutern, Johann 24
Rienzi 45, 91
Riga Black Magic Bar 37
Riga Card 111
Riga Culture Free Tour 113
Rigaer Filmstudios 71
Rigaer Kunstraum 79
Riga Free Tour 113
Riga International Airport 110
Riija 102
Riviera 48, 95
Rock-Café 24
Rocket Bean Roastery 56
Rolandstandbild 27
Rosentāls, Janis 15
Royal Old City Hotel 89
Rožena iela 33
Rozengrāls 96
Rumbula-Gedenkstätte 81
Russen 7, 9
Russisches Theater 36

S
Saeima 39
Salaspils-Gedenkstätte 81
Schaschlik 92
Scheffel, Friedrich 37
Schloss 39
Schwarzer Balsam 37, 120
Schwarzhäupterhaus 26
Schwedentor 41
Schwertbrüderorden 21, 76
Senā klēts 102
Shopping 98
Sicherheit 111
Siegesdenkmal 81
Sienna 48

Sigulda 75
- Burg Krimulda 77
- Drahtseilbahn 77
- Fazenda 76
- Gauja-Nationalpark 77
- Gutmannshöhle 77
- Kaķu Māja 76
- Museumsreservat Turaida 77
- Neue Schloss 76
- Ordensburg 75
- Schloss Krimulda 77
Skārņu iela 20
Skujiņš, Frīdrihs 53
Skyline Bar 53, 107
Smile Line 113
Sommersonnenwende 70
Speicherhäuser 24, 61
Sperrstunde 104
Spīķeru koncertzāle 63
Splendid Palace 53
Stadtführungen 113
Stadtkanal 42
Stadtrundfahrten 113
Štālbergs, Ernests 43
Star Lounge 48, 107
Stenders Karte 101
Stockmann 60, 100
StockPot 54, 93
Strand 68, 72
Survival Kit Festival 49

T
Tabakfabrik 57
Taka 57, 105
Tanzen 104, 108
Taste Latvia 103
Taxis 112
Teātra bārs 107
Tequila Boom 106
T.G.I. Friday's 36, 105
Theater 109
Tiesenhausen, Gerhard von 85
Tīnes 102
Torņa iela 41
Torņakalns 10
Torņakalns, Bahnhof (Gedenkstätte) 81
Touristeninformation 27, 110
Tree House 88
Trokšņu iela 41

U
Übernachtung 86
Uferpromenade 65
Una Vita 103
Universität 44
Upe 99, 102

V
Valdemara-Passage 57
Valmiermuiža 57
Valmiermuiža's Beer Shop 105
Valtera Restorāns 93
Valters & Rapa 99
Vecrīga 10
Vegan essen 93, 94
Vegetarisch essen 92, 93, 94, 96, 108
Vērmanītis 96
Vīna Studija 48, 96
Vincents 48, 95
Volz, August 27, 45

W
Wagner-Konzertsaal 37
Wagner, Richard 37, 120
Walcker-Orgel 31
Wassersport 85
Weihnachtsbaum 26
Weihnachtsmarkt 33
Wohnhaus der Großen Gilde 37
Wöhrmannscher Garten 84

Z
Zāle, Kārlis 80
Zeidaks, Andrejs 80
Zemdega, Kārlis 84
Zentralmarkt 58
Zentrum zeitgenössische Kunst 49
Zirkwitz, Rudolf 50
Zoologischer Garten 85
Züge 112

Das Klima im Blick

Reisen bereichert und verbindet Menschen und Kulturen. Wer reist, erzeugt auch CO_2. Der Flugverkehr trägt mit bis zu 10 % zur globalen Erwärmung bei. Wer das Klima schützen will, sollte sich – wenn möglich – für eine schonendere Reiseform entscheiden oder die Projekte von atmosfair unterstützen. Flugpassagiere spenden einen kilometerabhängigen Beitrag für die von ihnen verursachten Emissionen und finanzieren damit Projekte in Entwicklungsländern, die dort den Ausstoß von Klimagasen verringern helfen (www.atmosfair.de). Auch die Mitarbeiter des DuMont Reiseverlags fliegen mit atmosfair!

Abbildungsnachweis
DuMont Bildarchiv, Ostfildern: S. 47 (Hirth)
Fotolia, New York: Umschlagklappe hinten (sergei_fish13)
Getty Images, München: S. 97 (Chapple); 20 (Sadura)
Huber, Garmisch-Partenkirchen: S. 103 (Potschka)
Instrumenti, Riga: S. 120/6 (Uģis Olte & Lāsma Olte)
iStockphoto, Calgary (Kanada): S. 14/15, 34 (Urtans)
Agnese Kleina, Riga: S. 120/1
Jochen Könnecke, Potsdam: S. 5
laif, Köln: S. 58 (hemis.fr/Berthier); 60, 71 (hemis.fr/Guiziou); 12/13, 63, 66, 67, 75, 85, 98 (Hirth); 27, 42 (Hub); 73 (Kristensen); 104, 109 (Le Figaro Magazine); 46, 72, 94, 99 (Weiss); 25 (Westrich); 120/3 (Zenit/Baltzer); 4o., 4u., 57 (Zenit/Böning)
Look, München: S. 69, 120/2 (age fotostock); Titelbild (Frei); S. 8/9, 55, 83 (Dressler)
Mauritius Images, Mittenwald: S. 120/7 (age/Forsberg); 29 (age/Nolan); 38 (Alamy/Arcomano);16/17 (Alamy/Barchan); 39 (Alamy/Becksholt); 21 (Alamy/Bradley); 120/5 5(Alamy/CTK); 90 (Alamy/Dafos); 86 (Alamy/Forsberg); 51 (Alamy/Gerald); 78/79 (Alamy/Godard Automotive); 120/4 (Alamy/Keystone); 120/9 (Alamy/Mason); 120/8 (Alamy/mediacolor's); 107 (Axiom Photographic/Couchman); 32, 93 (Flüeler); 35, 49, 88 (imagebroker/Seyfferth); 100 (Warburton-Lee/Trower)
Sasa Petrova, Puppenmuseum Riga: S. 61
Transit, Leipzig: S. 7 (Hirth)
Zeichnungen: Umschlagklappe vorn, S. 2, 11, 31, 43, 53, 64 (Konopik)

Zitat
Umschlagklappe hinten: Matthias Knoll, 1991 auf Englisch erschienen im Gedichtband »Der Bogen«, Übersetzung Matthias Knoll

Kartografie
DuMont Reisekartografie, Fürstenfeldbruck

Umschlagfotos
Titelbild: Das Schwarzhäupterhaus und der Turm der Petrikirche
Umschlagklappe hinten: Nächtliche Straße in Rigas Altstadt

Hinweis: Autor und Verlag haben alle Informationen mit größtmöglicher Sorgfalt geprüft. Gleichwohl sind Fehler nicht vollständig auszuschließen. Alle Angaben erfolgen ohne Gewähr. Bitte schreiben Sie uns! Über Ihre Rückmeldung zum Buch und Verbesserungsvorschläge freuen sich Autor und Verlag:
DuMont Reiseverlag, Postfach 3151, 73751 Ostfildern,
info@dumontreise.de, www.dumontreise.de

FSC
www.fsc.org
MIX
Papier aus verantwortungsvollen Quellen
FSC® C124385

1. Auflage 2017

Autor: Jochen Könnecke
Redaktion/Lektorat: Sebastian Schaffmeister
Grafisches Konzept: Eggers+Diaper, Potsdam
Printed in China

Kennen Sie die?

9 von 641 007 Rigaern

Agnese Kleina

Originelle Kopfbedeckungen sind das Markenzeichen der visuellen Journalistin (whimsicalagnesiga.com) und Gründerin des Bookazine »BenijKnewman«.

Großer Christoph

Am Ufer der Düna wacht er über das Wohl Rigas. Die im 16. Jh. entstandene Figur des Riesen soll Überschwemmungen und anderes Unheil abwenden.

Alvis Hermanis

Mit seinen experimentellen Inszenierungen ist Alvis Hermanis, Intendant des Neuen Theaters Riga, auf den renommiertesten Bühnen der Welt zu Hause.

Richard Wagner

Nur zwei Jahre blieb der Komponist als Kapellmeister in Riga, dann zwangen ihn Schulden zur Flucht. In Riga begann er seine erste Erfolgsoper »Rienzi«.

Gidon Kremer

Der Geiger entstammt einer Rigaer deutsch-jüdischen Musikerfamilie. 1997 gründete er das Streichorchester Kremerata Baltica mit jungen baltischen Musikern.

Instrumenti

Das lettische Electropop-Duo Instrumenti (www.instrumenti.in) experimentiert auf allen Ebenen. Sänger Shipsi verfügt über eine außergewöhnliche Falsett-Stimme.

Meinhard von Gerkan

Der Architekt des neuen Berliner Flughafens wurde in Riga geboren. Auch hier wurden Gebäude nach seinen Plänen errichtet, z. B. das Hauptgebäude der Bank Citadele.

Heinz Erhardt

Der berühmte Komiker, Dichter und Musiker hat ebenfalls deutschbaltische Wurzeln. Er kam 1946 nach Hamburg und machte dort schnell von sich reden.

Schwarzer Balsam

Der Likör aus Kräutern, Blüten, Ölen und Beeren, vom Apotheker Abraham Kunze einst zu Heilungszwecken entwickelt, ist das wohl meistverkaufte Souvenir in Riga.